Svenja Falk · Andrea Römmele

Der Markt für Politikberatung

Svenja Falk
Andrea Römmele

Der Markt für Politikberatung

VS VERLAG FÜR SOZIALWISSENSCHAFTEN

Bibliografische Information der Deutschen Nationalbibliothek
Die Deutsche Nationalbibliothek verzeichnet diese Publikation in der
Deutschen Nationalbibliografie; detaillierte bibliografische Daten sind im Internet über
<http://dnb.d-nb.de> abrufbar.

1. Auflage 2009

Alle Rechte vorbehalten
© VS Verlag für Sozialwissenschaften | GWV Fachverlage GmbH, Wiesbaden 2009

Lektorat: Frank Schindler

VS Verlag für Sozialwissenschaften ist Teil der Fachverlagsgruppe
Springer Science+Business Media.
www.vs-verlag.de

Umschlaggestaltung: KünkelLopka Medienentwicklung, Heidelberg
Druck und buchbinderische Verarbeitung: Krips b.v., Meppel
Gedruckt auf säurefreiem und chlorfrei gebleichtem Papier
Printed in the Netherlands

ISBN 978-3-531-16749-7

Inhaltsverzeichnis

I. DER MARKT

1 Der „Neue Markt" in der Politik?

Mit dem Umzug von Bonn nach Berlin ist ein neuer Markt entstanden. „Public Affairs" oder Politikberatung sei, so wollen uns manche Experten glauben machen, ein Wachstumsmarkt. „Der Job des politischen Beraters in Deutschland hat Zukunft", konstatieren etwa Peter Radunski und Axel Wallrabenstein (Radunski/Wallrabenstein 2004). Ein lukrativer Markt also, in dem PR Profis, Wahlkampfexperten und Marketingfachleute Bedingungen ähnlich den Anfängen des eCommerce vorfinden. Politische Goldgräberstimmung? Tatsächlich scheint mit dem Umzug der Regierung von Bonn nach Berlin ein Kulturwandel in der Herstellung, Kommunikation und Vermittlung von Politik stattgefunden zu haben, der die Rheinmetropole Bonn in der Rückschau wie ein kommunikatives Wolkenkukucksheim erscheinen lässt. Neben einer häufig in den Partei- oder Gewerkschaftsapparaten groß gewordenen Start-Up Szene ergänzen PR Agenturen, Beratungsunternehmen und Think Tanks ihr Dienstleistungsportfolio um „Public Policy Beratung", Public Affairs, Lobbying oder Politikberatung. Damit ist in der Regel ein Spektrum gemeint, das von der Beratung einzelner Politiker im Umgang mit der Öffentlichkeit über die strategische Positionierung von Parteien oder anderen staatlichen Institutionen in der Mediengesellschaft bis hin zur Wahlkampfberatung reicht. Verziert wird diese neue Szene durch eine Eventkultur, in der Konferenzen, Workshops oder Kamingespräche vor allem dem Ausbau der persönlichen Netzwerke gelten.

Politikberatung ist wie andere Beratungsdienstleistungen keine geschützte Tätigkeit. Bis weit in die neunziger Jahre ausschließlich als wissenschaftliche Beratungsleistung verstanden, wird der Topos seitdem zunehmend von Beratern aus dem PR- und Lobbyismus-Bereich für ihre

Dienstleistungen verwandt. Es ist das Ziel unseres Buches, den Markt für Politikberatung aus den unterschiedlichen Perspektiven vorzustellen und vor allem das Wechselspiel der beteiligten Akteure analytisch zu beleuchten: Welche Spielregeln bestimmen den Markt?

Das vorliegende Buch ist wie folgt aufgebaut: Nach der Definition des Begriffs Politikberatung geht es in Kapitel 3 um die Grundzüge der Politikberatung in Deutschland. Wie hat sich die Bewertung des Verhältnisses von Wissenschaft und Politik innerhalb der wissenschaftlichen Debatte in Deutschland entwickelt? Welche historischen Eckpunkte lassen sich für die Politikberatung in Deutschland festmachen? Wo und in welcher Form spielten Berater eine Rolle? Wie wurden sie rekrutiert? In welchen Bereichen gab es den größten Beratungsbedarf? Wie haben sich die staatlichen Strukturen, das „Miteinander" der Institutionen, und die medialen Voraussetzungen im historischen Vergleich verändert und welche Implikationen hat dies für Politikberatung in moderner Staatlichkeit?

Daran anschließend wird die Angebotsseite systematisiert. Kapitel 4 klärt, wer eigentlich Politikberatung anbietet. Darauf aufbauend beschäftigt sich Kapitel 5 mit der Frage wie für dieses Berufsfeld ausgebildet wird.

In den Kapiteln 6 und 7 wechseln wir die Perspektive und beleuchten die Nachfrageseite. In welchen Bereichen wird Beratung schwerpunktmäßig nachgefragt und von wem? Gibt es Informationen über die Volumina, die für Politikberatung ausgegeben werden? Kapitel 7 zeigt dabei das Zusammenspiel zwischen Angebot und Nachfrage.

Um unserem Anliegen, der lebensechten Abbildung des Marktes für Politikberatung, gerecht werden zu können, sind individuelle Einschätzungen und Eindrücke von Kennern der Szene ebenso wichtig, wie die zuvor erwähnten Makrostrukturen. Die theoretischen und empirischen Überlegungen des vorliegenden Buches werden daher durch sieben Interviews mit hochkarätigen Experten angereichert. Hier geben Persönlichkeiten aus den unterschiedlichsten Bereichen der Politikberatung Einblick in Ihre Tätigkeiten und eröffnen den Lesern die Möglichkeit, den Markt aus der Perspektive der Beratenden zu sehen. Diese Interviews fließen an vielen Stellen punktuell in die Entwicklung unserer Argumente ein, vollständige Transskriptionen finden sich zudem in Kapitel 8.

2 Was ist Politikberatung?

Politikberatung ist eine komplexe und heterogene Dienstleistung, die je nach Anforderungen und Anwendungsbereich die unterschiedlichsten Formen annehmen kann. Ebenso zahlreich sind die Definitionen des Begriffes (vgl. Dagger 2004): Traditionell ist mit Politikberatung das institutionalisierte Liefern wissenschaftlicher Informationen an politische Akteure gemeint. Mittlerweile hat der Begriff allerdings eine Ausweitung und Ausdifferenzierung erfahren. Insbesondere bei den im Umfeld der operativen Politik Tätigen geht die Trennschärfe zwischen den Begriffen Lobbyismus, Public Affairs und Politikberatung häufig verloren. Mitunter vermengen sich auch die Begriffe Politikberatung und Politikvermittlung (vgl. Bender 2004; Leif/Speth 2003). In den Medien und in der politischen Kommunikation gelten alle jene Akteure, die Parteien und Kandidaten bei Wahlen, Kampagnen oder der Werbung für politische Programme sowie in der Regierungskommunikation und im politischen Marketing beraten, als Politikberater (vgl. u.a. Althaus/Meier 2004; Karp/Zolleis 2004; Kreyher 2004). Das Gleiche gilt für Umfrage- und Kommunikationsexperten, für Spin Doktoren und selbst für Mäzene und Stiftungen. Wieder andere verstehen unter Politikberatung die eher technische Beratung von Verwaltung und Einrichtungen der öffentlichen Hand bei der Umsetzung von Entscheidungen durch kommerzielle Akteure wie Management Consultants.

In der wissenschaftlichen Debatte hat der Begriff ebenfalls eine weitere Ausdifferenzierung erfahren. So wird gerne die Unterscheidung in Politiker- und Regierungsberatung einerseits, Öffentlichkeits- und Gesellschaftsberatung andererseits diskutiert (z.B. Cassel 2001, Priddat/Theurl 2004). Die Beratungswissenschaft versucht einerseits der Vielfalt in der Begriffsverwendung ein Stück weit entgegenzuwirken, andererseits soll nicht der fälschliche Eindruck entstehen, der Variantenreichtum der Materie sei in knappen Sätzen verbindlich definierbar. Politikberatung ist und bleibt keine durch Approbationsordnungen oder Staatsexamina geregelte Tätigkeit, Politikberater ist keine geschützte Berufsbezeichnung. Um den Begriff dennoch zu systematisieren ist es hilfreich, an den drei gängigen Dimensionen des modernen Politikbegriffes – Polity (Form), Politics (Prozess) und Policy (Inhalt) – anzusetzen. Diese facettenreiche Differenzierung ermöglicht uns Aussagen über die unterschiedlichen Inhalte der Politikberatung.

- Policyberatung betrifft die Beratung in der materiellen Politik (Politikinhalte in unterschiedlichen Politikfeldern). Im Englischen spricht man hier von policy advice.
- Politics-Beratung ist im weitesten Sinne das, was als political consulting verstanden wird. Hierbei handelt es sich vor allem um kommunikativ-strategische Beratung im Bereich des politischen Prozesses.
- Polity-Beratung, d.h. die Konsultation bei der institutionellen Gestaltung des politischen Systems, ist in der Regel nur in historischen Umbruchsituationen gefragt (Verfassungsreformen, Wahlrechtsänderungen) und gehört nicht zum Alltagsgeschäft der Politikberatung.

In der Literatur findet man auch häufiger die Unterscheidung zwischen Politikberatung und Politikerberatung, die auf der Nachfrageseite verschiedene Empfänger unterscheidet. Unter Politikberatung (alternativ gesehen als Bürgerberatung) sind Empfehlungen gemeint, die Auskunft darüber geben, wie die konsensfähigen konstitutionellen und sub-konstitutionellen Interessen der Bürger am besten gefördert werden können. Als Letztadressaten solcher Ratschläge können sinnvollerweise nur die Bürger selbst in Frage kommen. Politikerberatung befasst sich dagegen mit solchen Ratschlägen und Expertisen, die darauf abzielen, die Interessen der Politiker, d.h. insbesondere das Wiederwahlinteresse zu fördern. Dabei geht es sowohl um die Beratung der Regierungspolitiker als auch

um die Beratung der in der Gesetzgebung tätigen politischen Entscheidungsträger (Cassel 2001: 78). Während Politikberatung nach dieser Definition relativ transparent ist, erfolgt die Politikerberatung meist diskret
und unter Ausschluss der Öffentlichkeit (vgl. Dietze i.E.).

Eine weitere Differenzierung des Begriffs Politikberatung ist die in
ad-hoc Beratung und institutionelle Beratung (z.B. Becker 2004), die nach
dem Institutionalisierungsgrad unterscheidet. Im Gegensatz zu einer ad-
hoc-Beratung, bei der ein Einzelgutachter oder ein Gremium ein be-
stimmtes Thema auf Zeit betreut und deren Bewertung uneinheitlich
ausfallen kann, ist die institutionelle Beratung langfristig angelegt. Zur
institutionellen, wissenschaftlichen Beratung in der Bundesrepublik zäh-
len beispielsweise der Sachverständigenrat zur Begutachtung der ge-
samtdeutschen Entwicklung sowie die wissenschaftlichen Beiräte bei den
Bundesministerien für Wirtschaft und Finanzen und die Forschungsinstitute. Eine weitere mögliche Differenzierung ist die nach wissenschaftlicher und professioneller Beratung.

3 Grundzüge der deutschen Politikberatung

3.1 Zum Verhältnis von Wissenschaft und Politik

Selbstverständlich ist die Frage nach dem Verhältnis zwischen Wissenschaft und Praxis nicht neu. Sie stellt sich, seit sich die Wissenschaft zu
Beginn der Neuzeit als eigenständiges gesellschaftliches System mit spezifischen Steuerungsmedien und Referenzkriterien herausgebildet und
sich damit insbesondere von der Definitionsmacht der Kirche gelöst hat.
Burke (2001: 133) etwa weist darauf hin, dass bereits Ende des 17. Jahr-
hunderts eine intensive kontroverse Diskussion über das Verhältnis zwischen Grundlagenwissen und praktischem Wissen stattgefunden hat.
Diese Auseinandersetzung blieb nicht ohne Konsequenzen und führte im
18. Jahrhundert zur Gründung landwirtschaftlicher Gesellschaften, die
allein dem Zweck dienten, Landwirten Fachwissen zur Optimierung

ihrer Arbeitsweise zukommen zu lassen. Diese frühe Form eines „wissenschaftlichen Beirats" illustriert, dass die Wissenschaft die praxisrelevante Vermittlung ihres Wissens in der Tendenz schon früh außerhalb ihres eigenen Systems institutionalisiert hat.

War die Thematisierung des Einflusses der Wissenschaft auf andere Teilbereiche des gesellschaftlichen Systems in der Anfangsphase eher allgemein und unspezifisch, so wurde sie in den 1960er und frühen 1970er Jahren Mittelpunkt einer gezielten wissenschaftsinternen Kontroverse mit starkem wissenschaftstheoretischen Bezug. Federführend waren die Gesellschaftswissenschaften, und in gewisser Hinsicht handelte es sich um einen Reflex der seinerzeit heftigen Meinungsverschiedenheit über die Funktion und das Selbstverständnis von Wissenschaft. Die Debatte bewegte sich nun vom Grundsätzlichen hin zu spezifischen Fragen, die sich mit dem Einfluss der Wissenschaft auf bestimmte gesellschaftliche Teilbereiche befassten. Dabei kristallisierte sich das Verhältnis von Wissenschaft und Politik als zentrales Thema heraus: Im Mittelpunkt stand die Frage nach der Beratung von Politik durch Wissenschaft bzw. die wissenschaftliche Fundierung von Politik (Lompe 2006, vgl. hierzu auch Mai i.E.).

Drei unterschiedliche Grundverständnisse zeichneten sich in dieser Diskussion ab: Eine erste Position beharrte auf einer strikten Trennung von Wissenschaft und Beratung. Laut dieser Meinung stehen sich mit Wissenschaft und Politik zwei Systeme gegenüber, die in ihrer Funktionsweise unterschiedlicher nicht sein können und sich daher schwer vereinbaren lassen. Wissenschaft basiert auf der Betonung von Wahrheit und die intersubjektive Nachvollziehbarkeit gilt hier als ausschließlicher Referenzpunkt. Im Gegensatz dazu stehen politische bzw. praktische Entscheidungen, die sich immer an Werten und gesellschaftlichen Normen orientieren. Diese fundamentalen Unterschiede führen zu der Konsequenz, dass der Wissenschaft zwar zugestanden wird, Zusammenhänge, Trends und eventuell Alternativen aufzuzeigen und in dieser Hinsicht auch aufklärend zu wirken, dass sie aber keine Empfehlungen abgeben kann (Popper 2005). Dieses Verständnis lag der Einrichtung des

Sachverständigenrats zur Begutachtung der gesamtwirtschaftlichen Entwicklung zugrunde, der ausdrücklich keine Empfehlungen formulieren soll.

Eine zweite Position sah wissenschaftliche Politikberatung in erster Linie als Aufklärung über zukünftige Entwicklungen, die bereits in den gesellschaftlichen Machtverhältnissen angelegt sind. Auch hier dominiert der wissenschaftliche Fokus, wenn auch aus einer grundlegend anderen gesellschaftstheoretischen Perspektive. Grundlegend ist die Annahme zwangsläufiger, wissenschaftlich identifizierbarer, gesellschaftlicher Entwicklungen. Gesellschaftliche Entwicklungen sind vorbestimmt und Wissenschaft ist in der Lage die dafür ausschlaggebenden Faktoren zu identifizieren und zu analysieren. Technologische Sachzwänge wie auch Klassenunterschiede determinierten aus dieser Perspektive zunehmend die gesellschaftliche Entwicklung (vgl. für die deutsche Debatte vor allem Schelsky 1965; vgl. Schuon 1972), wobei ihre Eigendynamik durch politische Entscheidungen bestenfalls verzögert, jedoch nicht aufgehalten werden konnte. Zur Lösung dieses Problems ist die Wissenschaft gefragt: Sie erkennt zwangsläufige, gesellschaftliche Entwicklungen und kann so aufklärend beratend tätig werden.

Eine dritte Position bezog sich auf die Überwindung der Kluft zwischen Wissenschaft und Beratung durch diskursive Vorgehensweisen. Hierbei handelt es sich um Modelle, welche die Wertfreiheit der Wissenschaft grundsätzlich in Frage stellen. Aus diesem Blickwinkel gibt es also durchaus Schnittpunkte zwischen Wissenschaft und Politik, die Wissenschaftlern und Praktikern Möglichkeiten eines fruchtbaren Diskurses bieten. Am Beginn eines derartigen Diskurses findet sich bei Lompe (1972) eine bewusste Verständigung über Zielsetzungen und Werte, wohingegen bei Habermas (1968) diese Entscheidungen eher als Resultat eines rationalen Diskurses angestrebt werden sollen. Niederschlag hat dieser Ansatz etwa in den Enquete-Kommissionen des Bundestags (vgl. Lompe/Rass/Rehfeld 1981) gefunden, aber auch generell haben sich diskursive Modelle mittlerweile vielerorts durchgesetzt (Weingart 2006).

Die Verbreitung diskursiver Modelle benötigte den Umweg über die Politisierung der Wissenschaft, die Mitte der 70er Jahre einsetzte. Im Kern geht es hierbei um die Verantwortung der Wissenschaftler für die Umsetzung ihrer Ergebnisse, in diesem Zusammenhang auch um die „Käuflichkeit" wissenschaftlicher Expertise durch wirtschaftliche Interessen (vgl. Böhme u.a. 1978). Den Bezugspunkt dieser Debatte bildeten die gesellschaftlichen Konfliktkonstellationen, die durch neue technische Entwicklungen hervorgerufen wurden: die Diskussion um die Beteiligung an der Entwicklung der Atombombe und dem militärisch-industriellen Komplex, der sich in den 1970er Jahren ausweitende Konflikt um die Atomkraftwerke, danach die Frage nach der ethischen Verantwortung bei der Nutzung der Potenziale der Bio- und Gentechnologie.

Im Rahmen dieser Konflikte wurden diskursive Verfahren weiterentwickelt, die deutlich machten, dass konsensuale Problemlösungsstrategien im herrschaftsfreien (oder besser: nicht öffentlichen) Raum zwar zu gemeinsamen Ergebnissen kommen können, diese Ergebnisse bei umfassenden gesellschaftlichen Konflikten einer öffentlichen Debatte aber nicht standhalten können (vgl. Nowotny 1979). Es sind immer wieder wissenschaftlich moderierte Foren entstanden, die später auch auf andere Politikfelder übergriffen: Hierzu gehören vor allem runde Tische, Mediationsverfahren, Zukunftswerkstätten oder Open-Space-Konferenzen (einen Überblick bieten verschiedene Beiträge in Simonis/Martinsen/Saretzki 2001).

In den vergangenen Jahren ist ein kontinuierlicher, weniger spektakulärer Wandel in der Politikberatung eingetreten, der sich auf die Optimierung politischer Prozesse, also auf die Politics-Ebene bezieht. Wesentliche Impulse gingen hier von der europäischen bzw. internationalen (etwa OECD-) Ebene aus. Gerade die Europäische Kommission hat angesichts ihrer eigenen bestenfalls abgeleiteten Legitimationsbasis seit den 1960er Jahren Wissenschaft intensiv genutzt. Dies gilt sowohl für die Begründung ihrer Aktivitäten in einem Politikfeld (Agenda-Setting) wie auch mit dem Ziel, die Durchführung in den unterschiedlichen Mitgliedsstaaten anzugleichen bzw. durch Lernprozesse zu optimieren.

Von besonderer Wichtigkeit sind dabei die so genannten „Twinning"-Projekte. Ländern, die beispielsweise die Kriterien für den Beitritt zur EU oder für die Einführung des Euro noch nicht erfüllen, werden Berater aus den Verwaltungen der EU-Mitgliedstaaten zur Seite gestellt. Innerhalb solcher direkten Kooperationen werden diese Länder so an die Erfüllung der Zielvorgaben herangeführt. Dieses Konzept ist eines der erfolgreichsten in der EU und wird neuerdings auch im Rahmen der EU-Nachbarschaftspolitik und anderer Partnerschaften mit Staaten, die weder EU-Mitglied sind noch auf absehbare Zeit werden können, angewendet.

Solche Projekte sorgen zugleich dafür, dass die EU als Auftraggeber von vielen Seiten nachgefragt wird. Es gibt daher eine Vielzahl von Anbietern für EU-finanzierte Beratung, die institutionell nicht an die EU angegliedert sind. Parallel hierzu wird in den Mitgliedstaaten die zunehmend wichtigere Rolle der EU für nationale Politiken erkannt. Beides hat zur Folge, dass namhafte Verbände, Beratungshäuser, Lobbyisten etc. „Brüsseler Büros" eröffnen und ihren europapolitischen Aktivitäten zunehmend mehr Gewicht verleihen.

Diese Entwicklungen liegen zum Teil schon in der inneren Logik der EU begründet. Die Union war von Geburt an kein Musterbeispiel für einen demokratisch legitimierten Staatenbund: Das Europäische Parlament wird zwar seit 1979 direkt gewählt, jedoch beklagen Beobachter der Szene, dass die zentralen Entscheidungen noch immer in Gremien gefällt werden, die sich dem Votum und damit der demokratischen Kontrolle der Europäer entziehen. Die europäische Alternative zu einer durch direkte Wahlen generierten Legitimität ist das Expertentum. Wichtige Gremien wie etwa die EZB sind vollständig entkoppelt von demokratischen Mechanismen, haben aber dennoch ein vergleichsweise hohes Ansehen in der Bevölkerung. Hier konnte erfolgreich der Eindruck vermittelt werden, dass es sich bei den Entscheidern um ein objektives, unparteiisches Gremium handelt, das im Sinne der Bevölkerung entscheidet und sich nicht von Druck aus bestimmten Regierungen oder Parteien beirren lässt. Viele Politikberater sehen sich in dieser Tradition europäischer Expertokratie.

3.2 Die Geschichte der Politikberatung in Deutschland

Der kurze Abriss über die Bewertung des Verhältnisses von Wissenschaft und Politik hat gezeigt, dass die wissenschaftliche Beratung der Politik eine lange Tradition hat. Wie lässt sich die Politikberatung jedoch in Bezug auf ihre praktische Ausübung beschreiben und einordnen? Im Folgenden soll die Geschichte der Politikberatung in Deutschland nach dem zweiten Weltkrieg kurz aufgerollt werden, wobei kein Anspruch auf Vollständigkeit erhoben wird.

3.2.1 Wissenschaftliche Regierungsberatung hinter verschlossenen Türen (1948 - 1969)

Tatsächlich beginnt die Geschichte der Politikberatung in der Bundesrepublik Deutschland bereits lange vor dem Umzug in die neue alte Hauptstadt und ist eng an die Entstehung der politisch-administrativen Institutionen gebunden. Bereits im Januar 1948 verständigten sich Ökonomen und Juristen, unter ihnen Walter Eucken, Alfred Müller-Armack, Oswald Nell-Breuning und Karl Schiller, auf Initiative der bizonalen Wirtschaftsverwaltung auf die Etablierung eines wissenschaftlichen Beratungsgremiums, das als „Wissenschaftlicher Beirat für Wirtschaft des Vereinigten Wirtschaftsgebietes" nach der Gründung der Bundesrepublik dem Bundesministerium für Wirtschaft zugeordnet wurde. Bereits 1950 wurde im Bundesministerium für Finanzen ebenfalls ein wissenschaftlicher Beirat gegründet. Der seit 1957 bestehende Wissenschaftsrat berät die Bundesregierung und die Regierungen der Länder in Fragen der inhaltlichen und strukturellen Entwicklung der Hochschulen, der Wissenschaft und der Forschung sowie des Hochschulbaus und ist eine der wichtigsten Einrichtungen der Politikberatung in Deutschland. Ihm gehören 32 vom Bundespräsidenten berufene Wissenschaftlerinnen und Wissenschaftler an; zugleich arbeiten in dem je zur Hälfte von Bund und Ländern besetzte Wissenschaftsrat 22 Vertreter aus Bund und Ländern mit. Insgesamt wurden bis Ende der fünfziger Jahre sechs wissenschaftliche Beiräte gegründet, außer den bereits genannten noch in den Ministerien für Ernährung, Wirtschaft und Wohnungsbau. Im August 1963 wurde der Sachverständigenrat zur Begutachtung der gesamtwirtschaftlichen Entwicklung geschaffen, der aus fünf Mitgliedern besteht, die „über besondere wirtschaftswissenschaftliche Kenntnisse und volkswirtschaftliche Erfahrungen verfügen müssen" (§1, Abs. 2 SVRG). Schon 1956 hatte der Beirat die Schaffung einer unabhängigen Institution zur Beratung über die Entwicklung der gesamtwirtschaftlichen Lage vorgeschlagen. Aber der damalige Bundeskanzler Konrad Adenauer verhinderte das: „Erhard, woll'n Sie sich 'ne Laus in 'n Pelz setzen?"[1]. Berufung, Aufgabenbereich und das jährliche „Deliverable" des Rates sind ebenso wie die Zusammensetzung des Gremiums klar definiert: Es besteht in der Regel aus ordentlich bestallten Professoren.

Nach Lompe berieten allein 1965 insgesamt 146 Gremien mit 743 wissenschaftlichen Mitarbeitern das Parlament (vgl. Lompe 1969: 228). Krevert macht deutlich, dass sich der Kreis der beratenden Gremien seit 1949 beständig erweitert hat. Eine kleine Anfrage von 1969 listet insgesamt 206 Gremien auf, davon allein je 33 im Bundesministerium für Wirtschaft und im Bundesministerium für Gesundheitswesen (vgl. Krevert 1993: 78). Den Beiräten gehörten rund 4400 Mitglieder an, darunter lediglich 1300 Wissenschaftler. Der weitaus größere Teil kam aus dem Kreis der Verbands- und Interessenvertreter. Beratungsergebnisse wurden in den seltensten Fällen an die Öffentlichkeit gebracht, diese dienten vorrangig dem „internen Gebrauch" und wurden nur dann als Pfund in die öffentliche Diskussion eingebracht, wenn es die auftraggebenden Ressorts für zweckmäßig hielten.

---

[1] So zitiert in der FAZ vom 10.01.1998, S.15.

Bis zur Ablösung der Regierung Kiesinger (CDU) durch Willy Brandt im Jahre 1969 stellte sich Politikberatung vor allem als wissenschaftliche Regierungsberatung dar (vgl. Krevert 1993: 67). Auftraggeber und Auftragnehmer war die jeweilige Regierung, Beratungsform war in der Regel ein aus Wissenschaftlern und Interessenvertretern zusammengesetzter Beirat, wobei Wissenschaftler zahlenmäßig einen erheblich geringeren Teil ausmachten. Weitere Beratungsformen waren Auftragsforschung und Gutachten, außerdem Einzelberatungen zur Vorbereitung spezifischer politischer Entscheidungen (vgl. Krevert 1993: 25). Wissenschaftliche Beratungstätigkeiten bekamen in der Zeit der Großen Koalition (1966-1969) größere Bedeutung, als angesichts wirtschaftlicher Rezession umfangreiche Planungen in Gang gesetzt wurden. Neben dem Thema Wirtschaft waren vor dem Hintergrund des Kalten Krieges vor allem Außen- und Sicherheitspolitik im Fokus. Dies fand seinen Ausdruck in der Gründung der Deutschen Gesellschaft für Auswärtige Politik (1955) sowie der Gründung der Stiftung Wissenschaft und Politik (1962). Die Beratung fand fast vollständig unter Ausschluss der Öffentlichkeit statt.

Zeitlich parallel begann der Import von Methoden der empirischen Sozialforschung, die wenig später den Grundstein für einen weiteren Zweig der Beratung legte. Obwohl Politikberatung in der Öffentlichkeit zu diesem Zeitpunkt noch kein Thema war, wurde bereits in dieser frühen Phase mit der Gründung des Instituts für Demoskopie Allensbach (1947) und Infas (1959) als Einrichtungen der empirischen Sozialforschung ein Grundstein für die Entwicklung der strategischen Politikberatung gelegt. Die Messung und Analyse der öffentlichen Meinung zur systematischen Einbeziehung in die politische Strategieformulierung und öffentliche Meinungsbildung fand hier ihre Anfänge und besetzte ab sofort eine zentrale Rolle sowohl auf der politischen als auch auf der Medienagenda. Im Jahre 1965 begann die ARD mit der Ausstrahlung von Wahlanalysen. An der Konzeption dieser Präsentation waren renommierte Wissenschaftler beteiligt, darunter Karl Dietrich Bracher und Alexander Mitscherlich. Anlässlich der Bundestagwahl vom 19. September 1965 wurde erstmals unter Einsatz von Computertechnologie ein Wahlausgang errechnet und der Öffentlichkeit vor dem Bildschirm präsentiert. Um 21.43 Uhr, fast vier Stunden nach Schließung der Wahllokale, konnte die ARD eine erste Hochrechnung präsentieren, die der Elektronenrechner von Infas, eine IBM 1620, auf Basis der Auswertung der Ergebnisse aus zwölf Wahlkreisen ermittelt hatte (vgl. Infas o.J.). Auch das ZDF ging zu dieser Zeit bereits erste Kooperationen mit Wahlforschern ein. Rudolf Wildenmann, ein Pionier der deutschen Wahlforschung, präsentierte seit Mitte der sechziger Jahre Hochrechnungen im ZDF, die an seinem Lehrstuhl an der Universität Mannheim entstanden. Diese „Forschungsgruppe Wahlen" spaltete sich 1974 von der Universität ab und wurde unter Leitung der Forscher Manfred Berger, Wolfgang Gibowski und Dieter Roth ein eingetragener Verein. Seitdem ist aus dieser Gruppe eines der führenden Wahlforschungsinstitute in Deutschland geworden.

3.2.2 Regierungs- und Öffentlichkeitsberatung unter zunehmender Einbeziehung der Öffentlichkeit (1969 - 1989)

Mit der sozialliberalen Koalition unter Willy Brandt begann die Regierung durch die Einrichtung von Enquete Kommissionen die Tatsache der Regierungsberatung öffentlich zu machen (vgl. Heyer/Liening o.J.). Erstmals begann die Regierung auch, den eigenen Reformbedarf öffentlich zu artikulieren: Die Projektgruppe Regierungs- und Verwaltungsreform thematisierte erstmals nicht einzelne Projekte in individuellen Ressorts, sondern adressierte übergreifend die ganze Regierung (vgl. Krevert 1993: 173). Der unter Kiesinger eingerichtete Planungsstab wurde zur Planungsabteilung umfunktioniert und hatte die zentrale Aufgabe, ressortübergreifend Teilpolitiken zu integrieren. Mit der Einrichtung der aus Wissenschaftlern und Interessenvertretern zusammengesetzten „Kommission für wirtschaftlichen und sozialen Wandel" wurde dezidiert versucht, Reformpolitik für jedermann sichtbar wissenschaftlich zu fundieren (vgl. Bolte 1977). Parallel erfreute sich die Ressortberatung andauernder Beliebtheit: Für 1977 zählte eine Kleine Anfrage insgesamt 358 Beiräte mit über 5600 Mitgliedern (vgl. Krevert 1993: 195). In dieser Phase entstand nicht nur zunehmend regierungsunabhängige Beratung, auch die Öffentlichkeit wurde allmählich mit der Tatsache wissenschaftlicher Politikberatung bekannt gemacht. Sie wurde zunehmend als wissenschaftlich fundierte Legitimation für politische Sachfragen entdeckt, diente dem Agenda-Setting, aber auch dem Agenda-Cutting, d.h. der strategischen Positionierung von Themen in der Öffentlichkeit, aber auch ihrer Verlagerung in ein Expertengremium (Siefken 2006). Konsequenterweise wurde in dieser Zeit die Institution der „öffentlichen Anhörung" häufig genutzt: Von der 6. bis zur 8. Wahlperiode wurden insgesamt 226 öffentliche Anhörungen zu 149 unterschiedlichen Themen angesetzt (vgl. Krevert 1993: 206). Auf der Welle des Zeitgeistes schwimmend wurde in den siebziger und achtziger Jahren eine Reihe von universitätsnahen oder unabhängigen Instituten gegründet, die den Schwerpunkt ihrer Forschung und Beratungstätigkeit vor allem auf Umwelt- und Sicherheitsfragen legte. Diese häufig staatlich finanzierten Beratungsinstitute traten als Lobby für eine bessere Welt auf und wollten durch ihre Gutachten und Denkschriften aktiv auf die Umwelt- und Sicherheitspolitik Einfluss nehmen. Um die Mittelakquise mussten sich diese Institute in der Regel nur sehr eingeschränkt kümmern, denn sie waren häufig über Staats- oder Landesmittel finanziert oder konnten ihre Angebote aufgrund einer in Deutschland fehlenden Think-Tank-Infrastruktur außer Konkurrenz anbieten. Häufig waren diese Institute mit den Namen und der Reputation ausgewiesener Wissenschaftler wie etwa von Weizsäcker oder anerkannter Politiker wie Egon Bahr verbunden.

Fragestellungen rund um das Themenfeld „Ökopax" standen im Vordergrund und fanden ihren Ausdruck in der Gründung einer Reihe von Instituten, darunter die „Hessische Stiftung für Friedens- und Konfliktforschung" (1970) oder das Freiburger „Öko-Institut" (1977). In den späten Achtzigerjahren stand das Verhältnis von Wissenschaft, Politik und Technik im Vordergrund und fand Ausdruck in der Gründung des Instituts Arbeit und Technik in Gelsenkirchen (1988). Die Institute berieten die Regierung und verschiedene Ressorts, positionierten sich aber auch in der Öffentlichkeit als unabhängige und kritische Einrichtungen.

In dieser Phase wurde die nach wie vor in den Planungsstäben und Ressorts der Ministerien stattfindende Beratung durch die zunehmende Einbeziehung der Öffentlichkeit über wissenschaftliche Einrichtungen außerhalb der geschlossenen Regierungszirkel ergänzt. So betreiben Einrichtungen wie das Wissenschaftszentrum Berlin (WZB) und die ebenfalls in der Hauptstadt ansässige Stiftung Wissenschaft und Politik (SWP) seit den 1960er Jahren problemorientierte Grundlagenforschung. Letztere wurde 1962 auf private Initiative gegründet, der Bundestag beschloss jedoch schon 1965 die Beteiligung des Bundes, der seither Hauptgeldgeber ist. Die Arbeiten der SWP sind auf außen- und sicherheitspolitische Politikberatung fokussiert, während das WZB einen ganzheitlichen Ansatz verfolgt. Rechts-, Wirtschafts- und Gesellschaftswissenschaftler forschen interdisziplinär auf vielfältigen, gesellschaftlich relevanten Themenfeldern. Das WZB wurde 1969 durch einen fraktionsübergreifenden Antrag des Bundestages gegründet und wird vom Bund und dem Land Berlin finanziert. In dieser Phase wuchs auch die Bedeutung der empirischen Sozialforschung als Fundament politischer Strategien. So wurden auch Einrichtungen wie die Forschungsgruppe Wahlen (FGW) auf Grundlage der wissenschaftlichen Untersuchung von Wahlverhalten und Wahlergebnissen beratend tätig. Der geistige Vater der FGW, Rudolf Wildenmann, leitete zudem auch die Mannheimer Forschungsstelle für gesellschaftliche Entwicklungen (FGE).

3.2.3 Wählermarktnahe Beratung in der Öffentlichkeit (1989 - heute)

Die bis heute andauernde Phase der Politikberatung ist vor allem durch die Kommerzialisierung und die starke Einbeziehung der Öffentlichkeit gekennzeichnet. Neben den traditionellen Akteuren treten zudem neue Akteure der Beratung auf den Plan, wie etwa Verbände oder Stiftungen, die Politikberatung vorher nicht als ihr Geschäft angesehen haben und eher im Verborgenen gewirkt haben (Welzel 2006). Historischer Ausgangspunkt ist der Umzug der Bundesregierung von Bonn nach Berlin. Häufig mit Unternehmensberatern bestückte Expertenkommissionen tagen nunmehr im Lichte der Öffentlichkeit; klassische Beratungshäuser und junge Public Affairs Beratungen bieten Dienstleistungen wie strategische Politikberatung auf einem jungen Markt an. Die kommunikative Aufbereitung und Darstellung von Politik rückt immer mehr in das Zentrum der Beratungstätigkeit: Neben der wissenschaftlichen Expertise selbst wird auch ihr Aufbereiten als Entscheidungsgrundlage in demokratischen Gremien und ihre Verpackung zur Erlangung öffentlicher Unterstützung zentral (Schönborn/Wiebusch o.J). Diese Angebote ersetzen die seit der Gründung der Bundesrepublik entstandenen Beratungsformen und -akteure nicht, sondern ergänzen sie. Eingebettet in den Kontext einer sich globalisierenden Kommunikationsgesellschaft tragen sie zu der Komplexität von Entscheidungsstrukturen bei und sind wichtiger Bestandteil von Politikberatung in moderner Staatlichkeit.

3.3 Governance: Die Veränderung politischer Entscheidungsstrukturen als Chance und Herausforderung für die Politikberatung

Seit den frühen 70er Jahren wankt in der BRD die Vorstellung vom „starken" Staat, der in der Lage ist, die anstehenden Probleme zu lösen; Zweifel an der staatlichen Leistungsfähigkeit keimte auf. Mit dem Scheitern zahlreicher Reforminitiativen beispielsweise in den Politikfeldern Bildung, Gesundheit oder Finanzen sprach man gar vom Versagen des Staates bei der Erfüllung seiner Aufgaben. Der Staat sei, so wurde diagnostiziert, aufgrund der inhärenten Mängel seines traditionellen Interventionsinstrumentariums unfähig, die sich stellenden ökonomischen und sozialen Probleme zu lösen. Ein Ansatz war deshalb auch die Ausschau nach wirksameren Steuerungsinstrumenten, wobei dies noch keine grundsätzliche Einschränkung des staatlichen Steuerungsanspruches mit sich brachte. Doch genau dieser Anspruch wurde mit der Zeit in Frage gestellt. Die anscheinende „Unregierbarkeit" der Gesellschaft und die Enttäuschung der Erwartungen, die angesichts des neuen Wohlstands aufgekommen waren, führten zu der Forderung, der Staat möge die Aufgaben, die er nicht erfüllen kann, anderen übertragen, sei es der privaten Wirtschaft oder zivilgesellschaftlichen Organisationen. Die Probleme sollten also in Kooperation mit privaten und zivilgesellschaftlichen Akteuren gelöst werden. Damit könnten – so die Einschätzung – bestimmte öffentliche Aufgaben effizienter, kostengünstiger und kundenorientierter bereitgestellt werden. Das Ergebnis dieser Suche nach einem dritten Weg war der „kooperative Staat" – und genau dieses Zusammenwirken von Staat und Zivilgesellschaft bei der Regelung kollektiver Sachverhalte im gemeinschaftlichen Interesse ist das Besondere von Governance im modernen Staat. Kennzeichnend für den „kooperativen Staat" ist die Vielzahl von netzwerkartigen Strukturen, die aus staatlichen und nichtstaatlichen Akteuren gebildet sind und die häufig unter dem Begriff der Politiknetzwerke zusammengefasst werden. Hier ist der Staat lediglich primus inter pares. Kennzeichnend für diese neue Entwicklung ist, dass Verhandlungen zwischen Repräsentanten unterschiedlicher Institutionen – Behörden, Verbände, Parteien usw. – stattfinden. Entscheidungen werden nicht von oben nach unten gesteuert, sondern in direkter Interaktion der Beteiligten vereinbart: Vertikale Entscheidungsstrukturen werden durch horizontale ersetzt. Es ist die gewachsene Bedeutung von Verhandlungen und Verhandlungssystemen für die Entwicklung und Umsetzung von Politik im kollektiven Interesse, die der Begriff Governance unterstreicht (vgl. Mayntz 2004: 69ff.). Wie Renate Mayntz treffend formuliert, ist eine Schwerpunktverlagerung hin zu Koordinationsaufgaben festzumachen; das Management von Interdependenz ist eine zentrale Staatsaufgabe geworden.

Mit dem Konzept des „Governance" ergeben sich folglich vollkommen neue Voraussetzungen und Möglichkeiten für die Politikberatung, es tauchen aber auch zusätzliche Herausforderungen auf. Durch den Bedeutungsgewinn der horizontalen Akteursverflechtung rückt die strategische Beratung für Verhandlungen und Entscheidungsprozesse, d. h. die Politics-Beratung, immer mehr in den Vordergrund. Prozessorientierte, strategische Planung und Kommunikation werden zunehmend wichtiger, denn das Zusammenspiel vieler unterschiedlicher Akteure ist ausschlaggebend für effiziente Entscheidungen. Wo viele divergierende Interessen aufeinandertreffen, ist es jedoch unumgänglich zu moderieren, d. h. es stellt sich die Aufgabe der Mediation zwischen den einzelnen Akteuren, um Kompromisse zu finden und die Entscheidungsfindung so zu erleichtern. Aggregation und Koordination von Interessen sind jedoch nicht die einzigen Herausforderungen, die sich durch wachsende horizontale Kooperation stellen. Die Zusammenarbeit verschiedener Akteure aus jeweils unterschiedlichen gesellschaftlichen Teilbereichen erfordert interdisziplinäres Know How. Schnittstellenkompetenz lautet das Stichwort: Experten, die ihr Wissen aus unterschiedlichen Fachbereichen verbinden, sind hier von Nöten. Der Generalist ist gefragt: Während in den 70er Jahren vor allem Policy-Beratung im Bereich der Sozialgesetzgebung gefragt war, lassen sich in Zeiten der modernen Staatlichkeit die einzelnen Policy-Dimensionen gar nicht mehr genau differenzieren: Die sich heute stellenden Probleme haben immer öfter den Charakter von Querschnittsproblemen, die Zuständigkeitsbereiche mehrerer Ressorts (und somit auch wissenschaftlicher Disziplinen!) berühren. Geht es etwa um das profan anmutende Beispiel einer neuen Autobahntrasse zwischen A und B, sind Wirtschafts- („Was für Auswirkungen hat dies auf die lokale Wirtschaft"), Umwelt- („Was für Auswirkungen hat dies auf die lokale Flora und Fauna sowie Schadstoffgehalte") und Verkehrsressort („Führt die Trasse tatsächlich zu der gewünschten Entlastung anderer Verkehrswege?") gleichermaßen gefragt. Bei komplexeren Bereichen wie etwa der Zukunft einer wohlfahrtsstaatlich fundierten Gesundheitsversorgung müssen demografischer Wandel, Struktur und das Verhältnis der privaten und gesetzlichen Krankenkassen ebenso berücksichtigt werden wie innovative Entwicklungen im Bereich Informationstechnologie (Stichworte Gesundheitskarte und „ehealth"). Kurzum, komplexe Probleme benötigen ein breites Portfolio von Expertise und Know How, das es zu integrieren gilt – und zwar in einer der Ernsthaftigkeit dieser gesellschaftlichen Probleme Rechnung tragenden Geschwindigkeit. Schnittstellen-, Projekt-, und Knowledgemanagement werden immer wichtiger.

Entscheidungen werden durch viele miteinander verflochtene Akteure herbeigeführt, der Weg einer Entscheidungsfindung durchläuft mehrere gleichberechtigte Ebenen und beschreibt kaum mehr einen hierarchischen Ablauf. Um erfolgreich zu sein, muss Politikberatung an diesem Punkt ansetzen. Ihr Ziel muss es sein, das entsprechende Handwerkszeug für die Kommunikation und Koordination zwischen den in den Entscheidungsprozess involvierten Akteuren bereitzustellen.

3.4 Die Mediengesellschaft: Die gestiegene Bedeutung strategischer Kommunikationskompetenz als Chance und Herausforderung für die Politikberatung

Neben den Entwicklungen im politischen System sind es vor allem auch die medialen Fortschritte, welche die Politikberatung beeinflussen. Die Herausbildung einer eigenen Handlungslogik des massenmedialen Systems ist vielfach diagnostiziert worden[2]. Die massiven Veränderungen des medialen Systems zwingen politische Akteure mehr und mehr zu einem professionellen Umgang mit den Journalisten bzw. zur Einstellung von Mitarbeitern, die im Umgang mit den Medien auch hinreichend geschult sind. Dies war nicht immer so. Gesellschaftliche Akteure haben in unterschiedlichen Stadien ihrer Entwicklung, abhängig von technischen und technologischen Möglichkeiten, auf verschiedenen Ebenen mit Bürgern kommuniziert. Lässt man diese Entwicklung Revue passieren, so wird die zunehmend komplexe Wechselbeziehung zwischen gesellschaftlichen Akteuren, Medien und Bürgern offensichtlich. Aus diesem Grund kann in Anlehnung an Gurevitch/Blumler (1977) der Prozess politischer Kommunikation auch als Handlungssystem verstanden werden, in dem Veränderungen in einem Element des Systems Veränderungen im Verhalten der anderen Elemente mit sich bringen. Wie lassen sich Entwicklungen innerhalb dieses Handlungssystems erfassen?

---

[2] Vgl. hierzu die Ausführungen von Uwe Jun (2004) und Matthias Machnig (2004).

Wahlkämpfe gelten als „prototypische Situation der Politikvermittlung". In diesen Phasen der politischen Kommunikation verdichtet sich das Wechselspiel zwischen den beteiligten Akteuren und die interaktiven Prozesse laufen auf Hochtouren. Zur Illustrierung der Entwicklung und Veränderungen politischer Kommunikation bietet sich der Vergleich dieser „Eckdaten" an, denn er macht Veränderungen im Gefüge von politischen Akteuren, Medien und den Bürgern besonders deutlich:

In vormodernen Wahlkämpfen (1920-1945) war die Kommunikation über die Parteiorganisation Trumpf. Das Verhältnis der politischen Akteure zu den Medien zeichnet sich zu dieser Zeit durch eine klare Dominanz der politischen Akteure aus. Die Medien (d.h. Printmedien und Radio) sind als Sprachrohr zu sehen, die in den Dienst der Partei gestellt werden. So weist Walter Lippmann schon 1922 darauf hin, dass die neuen Kommunikationsmöglichkeiten den politischen Führern das Handwerkszeug zur Manipulation der öffentlichen Meinung liefern:

> „Within the life of the generation now in control of affairs, persuasion has become a self-conscious art and a regular organ of government. None of us begins to understand the consequences, but it is no daring prophecy to say that the knowledge of how to create consent will alter every political calculation and modify every political premise." (Lippmann 1922:35)

Lippmanns Warnungen scheinen sich in dem Einsatz der Massenkommunikation zu Propagandazwecken in den nationalsozialistischen und totalitären Regimen bewahrheitet zu haben.

Nach dem zweiten Weltkrieg setzt in den westlichen Demokratien in unterschiedlichem Ausmaß, jedoch mit gleicher Stoßrichtung, eine Veränderung des Verhältnisses zwischen Parteien und Wählern ein. Die bisher stabilen, in der Sozialstruktur verankerten Parteibindungen lockern sich oder lösen sich ganz auf. Als Folge steigt die Zahl der Wechselwähler, das Stammwählerpotential der Parteien schrumpft. Parteien müssen nun ihre elektorale Unterstützung in allen Teilen der Bevölkerung suchen. Dies bedeutet, dass sie ihre kommunikativen Kontakte maximieren müssen, wozu das Fernsehen wie kein anderes Medium geeignet erscheint. Man spricht hier auch häufig vom Zeitalter der modernen Wahlkämpfe (Römmele 2005). Auch das Verhältnis zwischen politischen Akteuren und Medien verändert sich. Während die Medien früher noch als Mittler und Sprachrohr der Politik fungierten, muss das Mediensystem – wie oben ausgeführt – nun als ein System mit eigener Handlungsrationalität betrachtet werden. Dies hat zur Folge, dass Parteien – wie andere gesellschaftliche Akteure auch – ihre politische Botschaft über die Massenmedien nicht vollständig steuern können. Medien selektieren Themen und entscheiden selbst, welchem Thema welche Wichtigkeit zukommt. Das Bild des „Gatekeepers", der entscheidet, welche Themen das Tor der Medien passieren, wird hier zu Recht häufig bemüht.

Die skizzierten Trends haben sich seit den 90er Jahren – im Zeitalter der professionalisierten Wahlkämpfe und der Politikvermittlung – rapide weiterentwickelt. Das Stammwählerpotential der Parteien sinkt weiter. Mittlerweile kann das Verhältnis zwischen gesellschaftlichen Akteuren und den Medien als ein wechselseitig abhängiges Verhältnis angesehen werden, in welchem Information gegen Öffentlichkeit getauscht wird. Als wohl augenscheinlichste Zäsur auf dem Weg hin zu einer „Mediengesellschaft" oder „Mediendemokratie" gilt mit Blick auf die Bundesrepublik Deutschland die so genannte „Dualisierung" des Rundfunks Mitte der 1980er Jahre. Diese hat u.a. zu einer im europäischen Vergleich einmaligen Ausweitung der empfangbaren Fernsehprogramme und eine Vervielfachung des Programmvolumens beigetragen. Darüber hinaus hat der Einzug kommerzieller Marktlogiken zu einer stärkeren Publikumsorientierung und dadurch Ausdifferenzierung, Entwicklung und Etablierung immer neuer Fernsehformate und -hybride geführt. Vor allem die rasant voranschreitenden Innovationen im Bereich der Informations- und Kommunikationstechnologien haben die soziale Komplexität erhöht und den sozialen Wandel beschleunigt.

Welche Implikationen haben diese nur knapp skizzierten Entwicklungen für politische Organisationen? Politische Organisationen sehen sich in einer zunehmenden und permanenten Kommunikations-, Vermittlungs- und Medienabhängigkeit im Prozess der Herstellung und

Darstellung politischer Entscheidungen. Genau an diesem Punkt kommt die Politikberatung ins Spiel: Ihre Aufgabe ist es politische Organisationen in diesem Punkt durch ihre Expertise zu unterstützen.

Dabei müssen Politikvermittlungsexperten heute über einen ganz anderen Werkzeugkasten verfügen als zu den Zeiten, als die große Politik ausschließlich unter Ausschluss der Öffentlichkeit im Kaminzimmer gemacht wurde: Issue management, Agenda-setting und Themenmonitoring sowie politisches Marketing sind nur einige der unabdingbaren Methoden und Kompetenzen, die zum Repertoire des Politikberaters gehören müssen. Um den politischen Akteuren bei der Kommunikation und Vermittlung ihrer Entscheidungen und Botschaften kompetent zur Seite zu stehen, ist der professionelle Umgang mit den Medien fundamental. Die Politikberatung kann nur erfolgreich sein, wenn sie die Logik der Medien internalisiert hat und es versteht, diese für ihre Zwecke zu instrumentalisieren.

II. DAS ANGEBOT

4 Bereiche der Politikberatung

Die Veränderungen im politischen System und im Mediensystem schaffen neue Herausforderungen für die Politikberatung. Effiziente und erfolgreiche Politikberatung muss sich auf die zunehmend komplexeren politischen Entscheidungsstrukturen und die medialen Umwälzungen einstellen – in der heutigen Politikberatung ist multi-tasking gefragt. Wie werden diese Anforderungen in der Realität umgesetzt? In welchen Bereichen setzt Politikberatung an? Wer bietet überhaupt Politikberatung an?

4.1 Politics-Beratung

Unter dem Begriff Politikberatung lassen sich unterschiedliche kommerzielle Tätigkeitsfelder identifizieren, die jedes per se ein spezielles Fachwissen erfordern. Die „Deutsche Gesellschaft für Politikberatung" (degepol)[3] unterscheidet mit Kampagnenberatung, Politikfeldberatung und Public Affairs drei Tätigkeitsfelder der Politikberatung. Die Felder sind wie folgt definiert:

1. Kampagnenberatung: richtet sich auf „die Erzeugung und Vermittlung von politischen Botschaften, die bei bestimmten Zielgruppen hohe Aufmerksamkeit und Zustimmung generieren sollen" (Degepol o.J.: 12). Werkzeug der Kampagnenberatung ist das Kampagnenmanagement als Bestandteil der politischen Kommunikation. Po-

---

[3] Weitere Informationen finden sich auf www.degepol.de .

tentielle Kunden für diese Dienstleistung sind Parteien, Nonprofit-Organisationen, Bürgerinitiativen und Unternehmen.

2. Politikfeldberatung: ist die „strategische Beratung von Organisationen und Entscheidungsträgern, um in einem politischen Handlungsfeld Lösungsvorschläge durchzusetzen und bestimmte inhaltliche Ziele langfristig zu erreichen" (ebd. o.J.: 13). Werkzeuge sind die Methoden wissenschaftlicher Politikfeldanalysen. Potentielle Kunden dieser Dienstleistung sind staatliche und private Organisationen und deren Repräsentanten.

3. Public Affairs: ist das „strategische Management von Entscheidungsprozessen im Dialog zwischen Politik, Wirtschaft und Gesellschaft" (ebd. o.J.: 14). Werkzeuge stammen aus dem Bereich der Werbung sowie der Interessenvertretung. Als potentielle Kundengruppe werden hier vor allem die Unternehmen ins Auge gefasst.

Auch hier lässt sich eine Zuordnung in politics- und policy-Beratung vornehmen. Während Kampagnenberatung und Public Affairs klar der Politics-Beratung zuzuordnen sind, handelt es sich bei Politikfeldberatung um klassische Policy-Beratung. Die degepol nennt ein breites Spektrum von gemeinsamen Instrumenten, die jedoch je nach Bereich unterschiedlich stark zur Anwendung kommen. Die wichtigsten werden hier kurz vorgestellt[4].

*   *Fundraising*
    Unter Fundraising versteht man, salopp gesprochen, die Lehre von der Freude am Spenden. Im Unternehmensalltag einer Non-Profit-Organisation ist dies eine zentrale Managementaufgabe mit dem Ziel der Ressourcenbeschaffung, und damit ein wichtiger Bestandteil des sogenannten Sozialmarketing. Auch politische Parteien, Kirchen und Verbände versuchen über Fundraising ihre Spendeneinnahmen zu

---

[4] Siehe hierzu Degepol o.J., S. 16. Unberücksichtigt bleiben strategische Forschung, IT Politikberatung, Netzwerkpflege und Wissenstransfer.

maximieren. Die Methoden des Fundraising ähneln denen im Business-to-Business-Vertrieb: Kontaktarbeit via Telefon, Besuch und Einladung zu Veranstaltungen sowie Spendenaufrufe über Direct mailing sind die gängigsten Methoden des Fundraisings.

- *Imagemanagement*
  Unter Imagemanagement werden der strategische Aufbau und die Pflege der Wahrnehmung einer Person, einer Institution oder eines Produktes durch die Öffentlichkeit (oder eine Teilöffentlichkeit) verstanden. Das Image wird über gezielt positionierte Medienberichte oder – wie etwa in Wahlkämpfen – über aufwändige Imagekampagnen vermittelt.

- *Issuemanagement*
  Mit Issuemanagement ist der strategische Umgang mit einem konfliktären Thema gemeint, das sich in der Regel in dem Dreieck Politik, Wirtschaft und Gesellschaft befindet. Streitbare Themen wie etwa die behördlich genehmigte Bebauung eines Naturschutzgebietes durch ein Unternehmen oder die Schließung eines Unternehmensstandorts wären hier denkbare Beispiele. Dem Management Ansatz liegt die Annahme zugrunde, dass issues eine nachvollziehbare Karriere im Zeitverlauf haben, auf die strategisch Bezug genommen werden kann.

- *Monitoring*
  Monitoring ist das systematische Beobachten von Themen und beinhaltet alle Arten der Erfassung von Zuständen, Vorgängen oder Prozessen mittels technischer Hilfsmittel oder anderer Beobachtungssysteme.

- *Lobbying*
  Lobbying ist eine Form der Interessenvertretung in der Politik, bei der Beamte und gewählte Volksvertreter durch Interessenvertreter

oder -gruppen in direktem Kontakt gezielt angesprochen werden, um Einfluss auf Gesetze, Verordnungen oder Regulierungsvorschriften zu gewinnen. Lobbyisten arbeiten in der Regel nicht öffentlich: Das persönliche Gespräch ist der bevorzugte Weg. Derzeit sind rund 1700 Verbände als Interessengruppen beim Bundestagspräsidenten registriert (vgl. Bender/Reulecke 2003).

- *Strategieberatung*
  Strategieberatung unterstützt Unternehmen und staatliche Institutionen bei der Formulierung ihrer strategischen Ziele sowie bei dem Erstellen einer Roadmap zur Implementierung. Darüber hinaus können mit den Methoden strategischer Beratung wie Benchmarking, SWOT-Analysen[5], Prozess- sowie Performance-Analysen oder der Balanced Scorecard, Optimierungen und Effizienzsteigerungen vorgeschlagen werden.

  Diese lassen sich noch durch Event- und Krisenmanagement sowie Einzelberatung von Mandatsträgern ergänzen. In der Einzelberatung vermischen sich typischerweise strategische Beratung, coaching, mentoring und policy-Beratung.

4.2 Policy Beratung

Policy Beratung wird vor allem durch wissenschaftliche Politikberater, Expertengremien oder Think Tanks abgedeckt und ist auch zentral für die Regierungskommunikation. Die gewichtige Rolle der wissenschaftlichen Politikberatung lässt sich anhand eines Zitats von der Website des Auswärtigen Amtes ablesen:

> „Weltweit gibt es heute einen immer stärker wachsenden Bedarf an wissenschaftlicher Beratung für die Politik, da die politischen Entscheidungen sich vielfach auf Themengebieten bewegen, die nur von Experten aufzuschlüs-

---

[5] SWOT steht für Strength, Weaknesses, Opportunities and Threats.

seln sind. Diese bereiten anhand von theoretischen Gutachten, Untersuchungen und Kommentaren den Boden für die praktischen politischen Entscheidungen. Die entsprechenden deutschen Forschungsinstitute, nach US-amerikanischem Vorbild „Think Tanks" genannt, deren Zahl gegenwärtig bei rund 100 liegt, sind zum Teil in Privathand, zum Teil sind es öffentlich-rechtliche Institutionen." (Tatsachen über Deutschland o.J.).

Policy Beratung wird in der Regel in der Form von Gutachten oder Berichten erbracht. Diese können entweder regelmäßig erscheinen, wie etwa der jährliche Bericht des Sachverständigenrates, oder aber einmalig im Kontext einer spezifischen Fragestellung, wie etwa der 2003 vorgelegte Bericht zur „Nachhaltigkeit in der Finanzierung der sozialen Sicherungssysteme" („Rürup-Kommission"), erscheinen. Der „Normalfall" wissenschaftlicher Beratung hingegen ist die Anfrage eines Ministeriums an ein Forschungsinstitut, einen Wissenschaftler oder einen Think Tank, um eine spezifische Fragestellung zu bearbeiten. Der für die Gutachten erforderliche Aufwand variiert von Tagen bis hin zu Jahren. Der Großteil der Arbeiten wird nicht veröffentlicht und steht somit weder der interessierten Öffentlichkeit noch der Wissenschaft zu Verfügung. Das durch den wissenschaftlichen Berater zu beackernde Feld entspricht dem Umfang aller politisch relevanten Fragen, die auf der Agenda von politischen Entscheidungsträgern oder umsetzenden Behörden zu finden sind – ist also potenziell unendlich. Häufig entwickeln Ministerien und Behörden langfristige Arbeitsbeziehungen mit einem bestimmten Institut, das für die Bearbeitung bestimmter Fragen ausgewiesen ist. Ein Beispiel wäre etwa das Institut für Seeverkehr und Logistik in Bremen, das das Verkehrsministerium in verkehrswissenschaftlichen Fragen bereits seit Jahren berät. Diese über Jahre gewachsenen Beziehungen sind damit auch der wichtigste Vertriebskanal für wissenschaftliche Beratung. In der Regel wird Beratung jedoch nachgefragt („pull") und nicht in Business Development Aktivitäten angeboten („push").

Nach der Klärung der Frage, was bei der Politikberatung angeboten wird, stellt sich folglich die Frage, wer in der Politikberatung den Markt bedient. Wer bietet Dienstleistungen im Bereich der Politikberatung an? Hier sind folgende zentrale Akteure zu nennen:

1. Kommunikationsagenturen
2. Public Affairs Agenturen
3. Beratungshäuser
4. unabhängige und abhängige Stiftungen
5. wissenschaftliche Institute
6. staatliche berufene Kommissionen (Enquete- und Expertenkommissionen)
7. wissenschaftliche Beiräte
8. interne Marketing & Government Relations-Abteilungen in den Unternehmen
9. Think Tanks
10. Einzelberater
11. Marktforschungsinstitute

Interessanterweise weisen einige der hier genannten Akteure weit von sich, im Feld der Politikberatung tätig zu sein. Das gilt insbesondere für die unabhängigen Stiftungen (vgl. Welzel 2005). Nur etwa die Hälfte der Akteure ist den freien Kräften des Marktes ausgesetzt. Die unterschiedlichen Akteure bieten dabei auch unterschiedliche Leistungen an und setzen den Fokus auf unterschiedliche Zielgruppen. Tabelle 1 listet die verschiedenen Akteure, ihre Tätigkeitsfelder und Zielgruppen mit Beispielen auf. In der Regel bedienen nicht-marktförmige Akteure das policy Segment (vergleiche Tabelle 2), wobei sich marktförmige Akteure tendenziell auf den politics-Bereich konzentrieren.

Tabelle 1: Akteure und Beratungsformen

Anbieter	Offering	Beratungstyp	Zielgruppe	Beispiele
Kommunikationsagenturen	PR- und Kommunikationsberatung	marktförmig	staatliche Institutionen, NGO's, Mandatsträger, Unternehmen	Cicero Gesellschaft für Werbung und Kommunikation, Media Consulta Deutschland
Public Affairs Agenturen	Eventorganisation, PR, Beratung, Kampagnen, Issue- und Krisen-management	marktförmig	staatliche Institutionen, NGO's, Mandatsträger, Unternehmen	APQC, Bridges Consulting Public Affairs & Management
Beratungshäuser	Strategie, Prozess, Organisationsberatung	marktförmig	öffentliche Verwaltung, Unternehmen	McKinsey, Roland Berger, Booz Allen Hamilton
unabhängige Stiftung	Beratung zur gesellschafts-politischen Fragestellung	Nicht marktförmig	an die Öffentlichkeit gerichtet	Bertelsmann Stiftung, Hertie Stiftung
parteinahe Stiftung	Inhaltliche Unterstützung der Partei; Repräsentationsfunktion	Nicht marktförmig	Parteien, Gewerkschaften, an die Öffentlichkeit gerichtet	Friedrich- Ebert Stiftung, Konrad-Adenauer Stiftung, Heinrich-Böll Stiftung, Hanns Seidel Stiftung, Friedrich Naumann Stiftung
Wissenschaftliche Institute	Wissenschaftliche Politikberatung	Begrenzt marktförmig	staatliche Institutionen, Unternehmen	Die sechs Wirtschaftsforschungsinstitute, IFO, Mannheimer Zentrum für Sozialforschung
staatlich berufene Kommissionen (Enquete- und Expertenkommissionen)	Wissenschaftliche Politikberatung (Policy Beratung)	Nicht marktförmig	staatliche Institutionen	Föderalismuskommission, Rürup-Kommission, Hartz-Kommission
Wissenschaftliche Beiräte	Wissenschaftliche Politikberatung (Policy Beratung)	Nicht marktförmig	Minister, Politiker, Minis-terialverwaltung, Gerichte, Fachkollegen (bei Zentralbanken, Kartellämtern, Rechnungshöfen)	wissenschaftlicher Beirat im Finanzministerium
interne Marketing & Govern-ment Relationsabteilungen in den Unternehmen	Marketing und PR, Relationshipmanagement	Nicht marktförmig	Unternehmen	AOL
Think Tanks	Wissenschaftliche Politik-beratung, Thought Leadership	Begrenzt marktförmig	staatliche Institutionen, NGO's, Mandatsträger	Centrum für angewandte Politikforschung etc.
Einzelberater	Beratung von Politikern oder politischen Institutionen	Marktförmig Politikberatung und Politikvermittlung	Ergebnis einer erfolgreichen Karriere in Politik, Medien, Stiftungen	Klaus-Peter Schmidt-Deguelle, Michael Spreng
Marktforschungsinstitute	Befragungen	marktförmig		Allensbach, infas, Forschungsgruppe Wahlen

Tabelle 2: Schwerpunkt der Beratungstätigkeit

Akteure	Schwerpunkt der Beratungstätigkeit	
	policy	politics
Kommunikationsagenturen		X
Public Affairs Agenturen		X
Beratungshäuser	X	X
unabhängige Stiftungen	X	X
parteinahe Stiftungen	X	X
wissenschaftliche Institute	X	
staatlich berufene Kommissionen (Enquete- und Expertenkommissionen)	X	
wissenschaftliche Beiräte	X	
interne Marketing & Government Relationsab-teilungen in den Unternehmen		X
Think Tanks	X	
Einzelberater		X
Marktforschungsinstitute		X

4.3.1 Ausgewählte Akteure kommerzieller Politikberatung

4.3.1.1 Public Affairs Agenturen

Die Zahl genuin politischer Dienstleister in Deutschland ist gering und ist im Segment der Klein- und Kleinstunternehmen zu finden. Zunehmend aber treten in Brüssel oder Washington erfolgreiche Häuser in den deutschen Markt, um hier Marktpotenziale zu erschließen. Diese werden jedoch in größerem Umfang bei den Unternehmen gesehen, die ihre individuellen Government Relations zunehmend unabhängig von den Verbänden gestalten. Die folgende Liste zeigt die politischen Dienstleister in Deutschland, wobei die unterlegten ihre Kernkompetenzen ausschließlich im Bereich Politikberatung/Public Affairs verorten. Die Tabelle zeigt ebenfalls, welche der Unternehmen im Interessenverband der Politikberater, der degepol, organisiert sind. Der Verband kennt nur Individualmitgliedschaften und kann als ein Verband der kleineren Unternehmen gelten.

Tabelle 3: PA-Agenturen

Name	Gründungsjahr	Mitarbeiter	Hauptsitz	Weitere Standorte	Kerngeschäft	Referenzkunden	Degepol-Mitglied
JinitiJ AG für digitale Kommunikation	1995	105	Berlin	Mainz	ESolutions für den Public Sector, IT Consulting	Presse- und Informationsamt der BR, BmWA, BMI, BmVBW, Bundeskanzleramt, Bertelsmann Stiftung	
Ahrens & Bimboese	1993	100	Frankfurt/M.	Berlin, München	Public Issues, Corporate and Consumer Communication	BmFSFJ, BmGS, Commerzbank, Humana, Logitech, LH Air Plus	
APCO Deutschland GmbH	2000	10	Washington DC	Berlin, Bonn	Public Affairs, Media Relations, Markt- und Meinungsforschung, Government Relations and Lobbying, Krisenmanagement, CSR		
Bridges Consulting	2002	8	Berlin		Public Affairs, Public Management, Organisationsberatung	Fraktion Bündnis 90/Die Grünen, Gesellschaft für innovative Begabtenförderung, Stadt Coburg, Stadt Stuttgart, Verbraucherzentrale Bundesverband e.V.	Ja
Burdinski & Partner		1	Berlin		Corporate Finance		Ja
Burson Marsteller BKSH Government relations Worldwide	1953		Frankfurt/M.	Berlin	Brand Marketing, Corporate Communications, Public Affairs & Government Relations, Issues Management, Krisenkommunikation, CSR	Danone, McDonalds, International Herald Tribune, West, Lotto, SAP, Schering	
Brunswick					Public Affairs Beratung für Großunternehmen		
Campaignonline.de (Bokermann Consulting)	2002	1	Hamburg		Kampagnenplanung		Ja
EaconGroup			Brüssel		Public Affairs		Ja
Dr. Kreyher Kommunikation und ISKK Institut GmbH							Ja
Eudemos		1					Ja
GCI Berlin	1995	100	Berlin	Frankfurt, Hamburg, Düsseldorf			Ja
Feldhoff Management Services	2003	1	Stuttgart		PR		
fischerAppelt	1986	135	Hamburg	Berlin, Düsseldorf, Frankfurt/M.,	PR, Design, Change Management, Corporate Strategy	Initiative "Partner für Innovation", Deutscher Bundestag, DaimlerChrysler, Novartis	Ja

Name	Gründungsjahr	Mitarbeiter	Hauptsitz	Weitere Standorte	Kerngeschäft	Referenzkunden	Degepol-Mitglied
Fleishman & Hillard	1946		St. Louis	Berlin, Frankfurt, München	PR, Imagekampagnen, Public Affairs	Gardena, Land Ennd	
Freshfield Bruckhaus Derninger		5	Berlin	Köln, Düsseldorf, Frankfurt/M., Hamburg, München	Rechtsberatung an der Schnittstelle Recht und Politik		
Hans Hütt Public Affairs Beratung		1					Ja
Grote und Knorre					Politische Strategieberatung, Public Affairs, Personalberatung		Ja
Hill & Knowlton	1927		London, New York	Berlin, Frankfurt, Hamburg, Aschaffenburg, München	Corporate Communication, Public Affairs	Easyjet, terre des hommes, Kellogg's, AOL, BmFSFJ	Ja
Initiative ProDialog	2005	3	Berlin		Dialogmarketingberatung und -weiterbildung		
Ipse Communication	1986	20	Berlin	Bonn	Strategische Öffentlichkeitsarbeit, Training und Coaching	Arbeitgeberverband Gesamtmetall, Akzo Nobel, BP, BKK Akademie, Vodafone	
Johannsen und Kretschmer	2000	30	Berlin	Hamburg	Corporate Communication, Public Affairs, Issue Management, Krisen PR	Presse- und Informationsamt der BR, Bundesrechtsanwaltskammer	Ja
Dr. Karl Jurka	1990	15	Berlin	Wien	Politik- und Marketingberatung, Public Affairs		
Keinath & Associates							Ja
komm.passion GmbH	2000	100	Berlin	Düsseldorf, Frankfurt, Hamburg, München, Stuttgart	Corporate & Brand Communication, Public Affairs, Crisis Issues	BmGS, Charite, Allianz, Bayer, Tchibo	
Kovar & Köppl	2000	11	Wien	Berlin, Washington	Politik- und Public Affairs		Ja
Miller & Meier	1997	2	Berlin		Public Affairs		Ja
MundiConsulting	1997	13	Freudenberg		Organisationsberatung		Ja
Nolte Communication	1997	2					Ja
Oberürrber & Karger		2	Berlin		Public Affairs, PR und Grafik Design		Ja

Name	Gründungsjahr	Mitarbeiter	Hauptsitz	Weitere Standorte	Kerngeschäft	Referenzkunden	Degepol-Mitglied
Kommunikative Außenpolitik							
Pleon Public Affairs			Berlin	München, Brüssel	Public Affairs		Ja
Politlotse		1	Königswinter		Politische Informationsbereitstellung		Ja
PRGS – Ecco Berlin	2001	30	Berlin	München	Public Affairs, Crisis Communication, PR für Technologie und Wirtschaft		
Publicis PR	1999	26			Public Affairs, Corporate Communication		ja
Rozok Media		2			PR		Ja
Scholz & Friends Agenda	2002	39	Berlin		PR, Public Affairs	Initiative Neue Soziale Marktwirtschaft, enBW, FAZ	
Systemic Consulting		8			Organisationsberatung	Adtranz, Berliner Senatsverwaltung, Degussa, Aktionsgemeinschaft für Familienfragen	Ja
Von Mannstein	1968	60	Solingen	Berlin	PR, Public Affairs; in anderen Töchtern klass. Werbung, Design		
wbpr	1980	60	München	Berlin, Potsdam, Budapest	Public Affairs, Lobbying, Krisenkommunikation	BmVBW, BmWA, Deutsche Post, IHK Berlin	
wegewerk	2000	10	Berlin		Multimedia-Kampagnen		Ja
We Do Communications GmbH	2002	20	Berlin		Werbung, Internet, Event, Sponsoring	Deutsche Bahn, FIFA, BmFSJ	
Weber Shandwick	1969		Berlin	Frankfurt, Hamburg, Köln, München		Siemens Communications, ebay, BMW, Procter & Gamble, Master Card, Nestlé	
Wenzel Consult		1					Ja
Wipol		4	Berlin				Ja

4.3.1.2 Unternehmensberatungen

Unternehmensberatungen haben das umfangreiche und heterogene An-
bietersegment der Politikberatung erst vor wenigen Jahren ergänzt und
sind dabei – trotz ihres immer noch verschwindend geringen Anteils am
Markt für Politikberatung – in das Zentrum öffentlicher Aufmerksamkeit
gerückt. Dabei genießen speziell Unternehmen in Verbindung mit bera-
tender politischer Tätigkeit kein hohes Ansehen; die öffentliche Meinung
ist kritisch bis vernichtend: Der Bonner Generalanzeiger spricht vom
„diskreten Charme der Machtflüsterer"[6], die Frankfurter Allgemeine
titelt, dass sich durch „die Auswüchse des Beratungswesens die Demokratie zunehmend als handlungsunfähig erweist"[7]. Die Vorwürfe gehen
von einer „Aushebelung" demokratischer Entscheidungsprozesse durch
Absprachen unter Ausschluss der Öffentlichkeit über das Unterlaufen
rechtlich vorgegebener Prozesse wie beispielsweise des Vergaberechts bis
hin zu Korruptions- und Bestechungsvorwürfen. Der Vorwurf an das
Bundesverteidigungsministerium, seit dem Regierungswechsel 1998
rund eine halbe Milliarde Euro für Beraterverträge aufgewandt zu haben,
sei hier genannt. Insgesamt prägen vermeintliche oder tatsächliche Skandale wie der ohne Ausschreibung vergebene PR-Auftrag durch den ehemaligen Chef der Bundesagentur für Arbeit Florian Gerster sowie die
zahlreichen Skandale um den schillernden Frankfurter PR-Berater Moritz
Hunzinger in diesem Zusammenhang das Bild.
   Kommerzielle Beratungshäuser sind in folgenden Beratungsfeldern
aktiv:

1.   Verwaltungsmodernisierung
2.   Strategische Neuausrichtung öffentlicher Einrichtungen
3.   Gutachten
4.   Politische Kommissionsarbeit

---

[6] Quelle: Bonner Generalanzeiger vom 7. Februar 2004.
[7] Quelle: Frankfurter Allgemeine Zeitung vom 23. Februar 2004.

5. Pro Bono Aktivitäten
6. Persönliche Beratung

Während über die Beratungsfelder 1 bis 3 Umsätze generiert werden, dienen die unter 4 bis 6 genannten Bereiche der Positionierung des Unternehmens in der Öffentlichkeit, der Kundenakquise und -pflege sowie dem Aufbau eines Multiplikatorennetzes, über welches das Unternehmen in einer Vielzahl von Netzwerken positioniert ist.

Betrachten wir also zunächst, in welchen öffentlichen Bereichen Beratungshäuser ihre Dienstleistungen anbieten und welche Aufgaben typischerweise erfüllt werden.

1. Verwaltungsmodernisierung

In der Prozess- und IT Beratung der öffentlichen Hand handelt es sich im Wesentlichen um Verwaltungsoptimierung mit dem Ziel, Kostensenkung bei gleichzeitiger Effizienzsteigerung zu realisieren.

Beispiel: Einführung von Shared Services im Fachlichen Hessischen Competence Center für Neue Verwaltungssteuerung durch das Beratungshaus Accenture (Auftraggeber: Hessisches Ministerium für Finanzen)

Aufgrund der finanziellen Restriktionen der öffentlichen Haushalte wurden Transparenz bezüglich Kosten und Leistungen sowie schlankere Organisationsstrukturen verlangt. Die Ausgangslage vor Beginn des Großprojektes zeichnete sich durch vorwiegend dezentral und uneinheitlich organisierte Prozesse im Beschaffungs- und Rechnungs- bzw. Haushaltswesen aus. Der grundlegende Gedanke zur Umsetzung der Neuen Verwaltungssteuerung in Hessen ist verbunden mit einem Wechsel von der Kameralistik zu einem kaufmännischen Rechnungswesen. Dieser Wechsel geht einher mit einer grundlegenden Neuorientierung der Aufgabenverteilung im Rechnungswesen. Der Shared Service Gedanke spielt

dabei eine entscheidende Rolle. Tätigkeiten mit hohem Wiederholungs-
grad werden genauso wie Spezialistenwissen gebündelt und allen
Dienststellen der Landesverwaltung wirtschaftlich sowie auf einem erst-
klassigen Leistungsniveau zur Verfügung gestellt. Praktisch heißt das,
dass nicht jede Kommune über eine separate Buchhaltungs- und Finanz-
abteilung verfügt, sondern dass diese Dienstleistungen standardisiert
über eine zentrale Stelle angeboten werden.

Im Rahmen des Änderungsprozesses wurde zunächst eine Ge-
schäftsprozessmodellierung für alle im Rechnungswesen relevanten Bereiche unter Beteiligung aller Ministerien durchgeführt. Das Ergebnis
war ein einheitliches und landesweit gültiges Referenzmodell auf Basis
der Funktionalitäten von SAP R/3. Außerdem wurde ein Großteil der
Aufgaben dem neu zu gründenden Shared Service Center zugeordnet.
Der Aufbau des Shared Service Centers erfolgte innerhalb der Hessischen
Finanzverwaltung auf Grundlage privatwirtschaftlicher Strukturen und
Erfahrungen. Die wichtigsten Säulen des F-HCC sind

- Geschäftsprozessmodell mit Rollen, Kompetenzen, Organisations-
  strukturen
- Dienstleistungskatalog mit Service Level Agreements (SLA)
- Kosten-/Preismodell auf Grundlage privatwirtschaftlicher Bench-
  marks
- Balanced Scorecard zur Steuerung der wichtigsten Kennzahlen.

Seit 2001 arbeitet das F-HCC produktiv. Inzwischen sind fast alle 800
Dienststellen des Landes Hessen angebunden. Mit dem F-HCC wurde
auf Länderebene das erste Finanzdienstleistungszentrum nach dem Shared Service Gedanken etabliert. Die Ziele Erstklassigkeit und Wirtschaft-
lichkeit wurden erreicht und zeigen sich z.B. in einer hohen internen
Kundenzufriedenheit, die regelmäßig abgefragt wird. Das F-HCC erfasst
und bucht zur Zeitjährlich ca. 80.000 Rechnungen zentral für die Hessische Landesverwaltung und wickelt ein Zahlungsvolumen von 1,4 Mrd.
Euro für Sach- sowie 2,4 Mrd. Euro für Personalausgaben ab.

2. Strategische Neuausrichtung öffentlicher Einrichtungen

Beginnend mit der Privatisierung ehemaliger Staatsbetriebe wie der Lufthansa, Deutschen Post oder Deutschen Bahn haben Beratungshäuser in großem Umfang seit Anfang der neunziger Jahre zur Neupositionierung der Unternehmen beigetragen. Alle genannten Unternehmen sind heute erfolgreich und ein lebendiges Beispiel dafür, dass behäbige Staatsbetriebe in kürzester Zeit fit und flexibel im Wettbewerb agieren können. Derzeit wird dies – auch unter Beteiligung von Beratungshäusern – im öffentlichen Personennahverkehr (ÖPNV), in der Wasser- oder Entsorgungswirtschaft umgesetzt. An dem Umbau der Bundesagentur für Arbeit oder der Bundeswehr waren ebenso selbstverständlich Beratungshäuser beteiligt wie an umfangreichen Modernisierungsmaßnahmen im Gesundheitswesen. Im Wesentlichen geht es darum, Institutionen nach betriebswirtschaftlichen Kriterien zu führen und zu steuern – angesichts der desolaten Haushaltslage ein wichtiges Unterfangen.

3. Gutachten

Gutachten haben eine große Bedeutung im Prozess der politischen Entscheidungsfindung. Wissenschaftliche Politikberatung wird vor allem im Format des Gutachtens erbracht. Die Antwort auf eine Kleine Anfrage von Abgeordneten der CDU/CSU-Fraktion im März 2004 zeigt, dass für wissenschaftliche Politikberatung auf Bundesebene von 1998 bis 2003 über 63 Mio. Euro ausgegeben worden sind.[8] Die Themen sind vielfältig und verlangen unterschiedlichste Expertise des Gutachters: So gab das BMBF die „Analyse des Marktpotentials für orbitales Servicing von Satelliten II" mit einem Volumen von über 300.000 Euro ebenso in Auftrag wie ein Evaluierungskonzept für den Förderschwerpunkt „Sozialökologische Forschung" mit einem Volumen von 8000Euro. Im BMWA wurde

---

[8] BT-Drucksage 15/2639

43

zum Thema „Absatzpotentiale für heimische Produkte aus Nadelstarkholz auf den nationalen und internationalen Märkten" mit einem Volumen von knapp über 100.000 Euro ebenso begutachtet wie zur „Einführung von Tourismussatellitensystemen in Deutschland" mit einem Volumen von 72.000 Euro. Schon die kurze Auflistung zeigt, dass die notwendige Expertise zur Bearbeitung dieser unterschiedlichen Fragen
kaum in einem Hause vorhanden sein kann. Gutachten werden daher
vorrangig durch wissenschaftliche Institute und Einrichtungen erbracht.
Zwar bewerben sich auch Unternehmensberatungen um die Erstellung
von Gutachten. Eine Reihe von kleinen Beratungshäusern insbesondere
im Bereich der Organisationsberatung hat sich auf diese Dienstleistung
spezialisiert. Insgesamt jedoch ist das Angebot dieser Dienstleistung für
große Beratungshäuser als zentrales Angebot an den Markt nur in Einzelfällen attraktiv. Im Zuge des Aufbaus von Kundenbeziehungen ist die
Erstellung eines Gutachtens ein mögliches Eintrittstor, als Vorbereitung
zu Gesprächen über ein „großes Thema" eine ideale Möglichkeit, Expertise und Know How des Unternehmens zu präsentieren.

4. Mitarbeit in Expertenkommissionen

Unternehmensberater sind aus Expertenkommissionen nicht mehr wegzudenken. Ob Hartz-, Rürup- oder Herzogkommission, die Initiative zu
Bürokratieabbau in Bayern oder die am Bundeskanzleramt angesiedelte
Initiative „Partner für Innovation" – alle sichtbaren, zukunftsorientierten
Kommissionen in Deutschland nutzen Know How und Expertise der
Berater.

Beispiel: Die Hartz-Kommission

Die im Januar 2002, kurz vor Ende der ersten Legislaturperiode der rot-grünen Koalition unter Schröder, einberufene Expertenkommission unter Leitung des ehemaligen VW Vorstandes Peter Hartz sollte Vorschläge für „Moderne Dienstleistungen am Arbeitsmarkt" erarbeiten. Hintergrund war, über eine Reform von Arbeitsmarktpolitik und -verwaltung das drängendste Problem der Schröder-Regierung zu adressieren: die im internationalen Vergleich kontinuierlich hohe Arbeitslosigkeit. Neben Vertretern aus Politik, Industrie und Wissenschaft wurden auch drei Vertreter von Unternehmensberatungen in die Kommission berufen. Die Mitlieder im Einzelnen:

- Dr. Peter Hartz, Volkswagen AG, Personalvorstand
- Dr. Norbert Bensel, Bahn AG, Personalvorstand
- Dr. Jobst Fiedler, Roland Berger Strategy Consultants, Partner
- Heinz Fischer, Deutsche Bank AG, Abteilungsleiter Personal
- Peter Gasse, IG-Metall Nordrhein-Westfalen, Bezirksleiter
- Prof. Dr. Werner Jann, Universität Potsdam, Professor für Verwaltungswissenschaft und Organisation
- Dr. Peter Kraljic, McKinsey & Company Düsseldorf, Direktor
- Isolde Kunkel-Weber, Verdi, Mitglied des Bundesvorstands
- Klaus Luft, Market Access for Technology Services GmbH, Geschäftsführer
- Harald Schartau, Minister für Arbeit und Soziales, Qualifikation und Technologie des Landes Nordrhein-Westfalen
- Wilhelm Schickler, Bundesanstalt für Arbeit, Präsident des Landesarbeitsamts Hessen
- Hanns-Eberhard Schleyer, Zentralverband des Deutschen Handwerks, Generalsekretär
- Prof. Dr. Günther Schmid, Wissenschaftszentrum für Sozialforschung Berlin
- Wolfgang Tiefensee, Stadt Leipzig, Oberbürgermeister

- Eggert Voscherau, BASF AG, Mitglied des Vorstands

Die Aufwände für Kommissionen lassen sich mittlerweile gut nachvollziehen. Die Kosten für externen Sachverstand („Sachverständige") werden über die Haushalte der jeweiligen Ministerien budgetiert und sind im Vergleich zu den heute üblichen Beraterhonoraren am Markt als eher niedrig einzuschätzen. So beliefen sich die Kosten für die Hartz-Kommission auf 630.000 €, die Rürup-Kommission schlug mit 1.000.000 Euro zu Buche. Honorare werden in den seltensten Fällen gezahlt, lediglich Aufwandsentschädigungen in Form von Reise- und Übernachtungskosten werden erstattet. Dennoch ist die Mitarbeit für externe Sachverständige aus Industrie und Beratung sehr attraktiv; sie können Kontakte und Vertrauen aufbauen, schnell Themen erfassen, die Positionen einzelner Akteure nachvollziehen und sich implizit auch als Dienstleister empfehlen. So wurde es in der Öffentlichkeit als fragwürdig angesehen, dass einer der Geschäftsführer aus dem Hause Roland Berger gleichzeitig in der Hartz Kommission verpflichtet war und den Auftrag für den strategischen Umbau der Bundesanstalt erhielt. Für die Auftraggeber ist das Hinzuziehen von Beratern attraktiv, weil diese nicht nur über ein breit gespanntes Multiplikatorennetzwerk, sondern vor allem über umfassendes Methoden Know How verfügen. Beispielsweise sind Balanced Scorecard, Benchmarking oder Performance Management-Ansätze häufig von Beratungshäusern in öffentliche Institutionen eingebracht worden. Zudem führt die Tatsache, dass Beratungshäuser in zahlreichen Ländern und unterschiedlichen Industrien tätig sind, zu einer erweiterten Perspektive in der Betrachtung von Problemen, die bei der schwierigsten Herausforderung – nämlich der Reduktion von Komplexität – sehr hilfreich sein kann.

5. Pro Bono Aktivitäten

Unternehmensberatungen sind mittlerweile in umfangreichem Maße in pro bono oder Corporate Social Responsibility (CSR) Aktivitäten engagiert. Unternehmen werden mehr und mehr zu öffentlichen Akteuren, die Grenzen zwischen Gesellschaft und Wirtschaft sind erheblich durchlässiger geworden, als sie noch bis vor wenigen Jahren waren.

Beispiel: Projekt „Perspektive Deutschland"

Im Jahr 2001 riefen McKinsey & Company, stern und T-Online die Online-Umfrage „Perspektive Deutschland" ins Leben; 2004 fand sie als Gemeinschaftsinitiative von McKinsey, stern, ZDF und AOL statt. McKinsey konnte zudem Richard von Weizsäcker als Schirmherren gewinnen. Wissenschaftliche Partner von Perspektive-Deutschland bei der konzeptionellen Begleitung der Studie, der Formulierung des Fragebogens sowie der Auswertung der Ergebnisse sind Prof. Jutta Allmendinger (Wissenschaftszentrum Berlin), Prof. Axel Börsch-Supan (Universität Mannheim), Prof. Thiess Büttner (Universität München), Prof. Hans Gersbach (Universität Heidelberg), Prof. Klaus Schmidt (Universität München) und Prof. Joachim Winter (Universität München) sowie Nobelpreisträger Prof. Daniel McFadden (University of California, Berkeley). Weitere Mitglieder des Beirats sind Klaus Dierkes (Vorstandsvorsitzender der Wolfsburg AG), Dr. Gerhard Langemeyer (Oberbürgermeister von Dortmund) und Dr. Klaus von Dohnanyi (ehemaliger Regierender Bürgermeister der Freien und Hansestadt Hamburg).

Perspektive Deutschland ging 2001 zum ersten Mal online. Damals beteiligten sich rund 170.000 Menschen, ein Jahr später nahmen 365.000, also fast doppelt so viele, Bürgerinnen und Bürger teil. 2003 konnten 450.000 Menschen für die Teilnahme gewonnen werden, 2004 waren es 511.000. Damit ist „Perspektive Online" die umfassendste Umfrage seit der Volkszählung. Die Umfrage zielt darauf, ein umfassendes Meinungsbild der Bürgerinnen und Bürger zu sammeln und dies in den Reformprozess in Deutschland einzuspeisen.

Die Mission dieses Unterfangens wird durch den Schirmherren über seine Aufforderung zur Teilnahme an der fünften Welle auf der Website der Initiative deutlich gemacht:

„Deutschland befindet sich mitten in einem tief greifenden Reformprozess. Veränderungen sind unumgänglich, damit wir auch in Zukunft in Deutschland verantwortlich leben können. Erfolgreich aber können Reformmaßnahmen nur dann sein, wenn sie von den Menschen mitgetragen werden. Die Initiative Perspektive-Deutschland, die nun zum fünften Mal startet, will Meinungen und Wertungen der Menschen bündeln und in die politische Diskussion um die Zukunft unseres Landes einbringen. Ich appelliere an alle, die ein Interesse an der Mitgestaltung unseres Gemeinwesens haben, an dieser Erhebung teilzunehmen."

Schon die oben genannte Liste der Unterstützer und akademischen Berater zeigt, dass die Perspektive ideal für den Aufbau von Multiplikatorennetzwerken geeignet ist. Über die Aktualität der an die Reformdebatte angebundenen Fragestellung gelingt es, die beteiligten Unternehmen als innovative und zukunftsorientierte corporate citizens darzustellen. Für die beteiligten Medienhäuser ist über den exklusiven Zugriff auf die Untersuchungsergebnisse eine interessante Berichterstattung gesichert.

6. Persönliche Beratung

Ein auf Vertrauen und häufig auch Freundschaft beruhender Ratschlag in einer wichtigen strategischen Entscheidung, einer brisanten Personalie oder der persönlichen Positionierung in Wirtschaft, Wissenschaft und Politik erfolgt informell und für Außenstehende nicht wahrnehmbar. Das persönliche Netzwerk ist ein nicht zu unterschätzender Pool wirklich einflussreicher Beratung, obwohl die Beziehungen hier in keiner Weise kommerziell sind, sondern in hohem Maße auf persönlichem Vertrauen beruhen. Natürlich wird in der „Berliner Republik" durch ambitionierte Karrieristen oder auch Lobbyisten versucht, diese Netzwerke auf Gegenseitigkeit systematisch aufzubauen und dies auch öffentlich stattfinden zu lassen. Das gelingt jedoch nur in begrenztem Maße. In der „Netzwerk-republik" ist neben diesen systematisch hergestellten Beziehungsnetzen eine neue Form exklusiver, informeller Beziehungsnetzwerke entstanden, die außerhalb des öffentlichen Networkens stattfindet.

Wo fängt Politikberatung nun an und wo hört sie auf? Schon die oben aufgeführten Beispiele zeigen, dass die Grenzziehung schwer fällt. Dies hat gute Gründe, denn Politikberatung als homogenes Serviceange-bot eines klar identifizierbaren Anbietersegments gibt es nicht. Vielmehr sind – wie die oben aufgeführten Beispiele zeigen – Beratungshäuser politikberatend aktiv, um die Marke im Markt zu positionieren, Kunden-beziehungen zu entwickeln und Multiplikatorennetze aufzubauen. Dabei beraten sie Entscheidungsträger und die Öffentlichkeit – gefragt und ungefragt wie das Beispiel Perspektive Deutschland zeigt. Politikbera-tung ist ein Bestandteil des Beratungsgeschäfts insgesamt geworden und findet vorrangig vor der operationalen Umsetzung einer politischen Ent-scheidung statt.

4.3.1.3 Wissenschaftliche Regierungsberatung durch Kommissionen

Häufig werden auf Initiative der Politik für einen begrenzten Zeitraum Kommissionen mit Fachleuten zur Begutachtung spezieller Themen ge-bildet – derzeit etwa die Föderalismuskommission II. Politikberatende Kommissionen lassen sich grundsätzlich in Sachverständigenkommissio-nen und Enquete-Kommissionen unterscheiden. Während die Sachver-ständigenkommissionen mit externen Experten besetzt sind, bestehen Enquete-Kommissionen hauptsächlich aus Parlamentariern und beige-ordneten Sachverständigen. Sachverständigenkommissionen haben einen inhaltlich und zeitlich klar definierten Arbeitsauftrag, während Enquete-Kommissionen als Einrichtungen der Parlamente fungieren und auf An-trag eines Viertels der Abgeordneten eingerichtet werden. Seit 1969 rich-tet der Bundestag Enquete Kommissionen ein, die sich mit Zukunftsthe-men befassen. Von der sechsten bis zur vierzehnten Wahlperiode sind insgesamt 27 Kommissionen eingerichtet worden, davon allein vier mit dem Schwerpunktthema Informationstechnologie (vgl. Weber 2003: 155ff.). Schließlich unterhalten Ministerien, Staatskanzleien und Parteizentralen Grundsatzabteilungen und Planungsstäbe. Politische Themen werden auch durch Mitarbeiter des Wissenschaftlichen Dienstes im Bundestag aufbereitet.

Systematische Zählungen aller Beratungsgremien und -formen über Zeit und der damit assoziierten Kosten gibt es nicht[9]. Parallel zu den die Geschichte der Bundesrepublik begleitenden, periodisch aufflammenden Diskussionen über die „Beraterrepublik" hat die jeweilige Opposition von der amtierenden Regierung über Kleine Anfragen Offenlegung über vergebene Beratungsaufträge verlangt, oder der Bundesrechnungshof wandte sich ausgelöst durch öffentliche Diskussionen dem Thema zu. Die in diversen Anfragen, von Bundesrechnungshof- oder Haushaltsausschussberichten aufgeführten Angaben sind auch nur sehr eingeschränkt vergleichbar, weil jeweils unterschiedliche Formen der internen und externen Beratung einbezogen wurden. Siefken verdankt die Datenbasis für seine Untersuchungen zu Expertengremien in der Bundesrepublik der Tatsache, dass der Bund seit 1994 über den Frauenanteil in Bundesgremien über den Bundesgremienbesetzungsbericht Auskunft zu geben hatte (vgl. Siefken 2003). Die Erfassung der marktförmigen Beratung über Beratungshäuser, Agenturen und wissenschaftliche Einrichtungen wird ausschließlich über Kleine Anfragen abgedeckt – dies jedoch erst neuerdings und wahrscheinlich auch eher lückenhaft. Das Ausbleiben dieser Fliegenbeinzählerei ist mehr als nur ein statistisches Defizit. Nicht nur ist Transparenz lediglich in reduziertem Maße vorhanden, auch Doppelarbeiten und das wiederholte Erfinden des Rades sind bei diesem Umfang an Wissensteilung unausweichlich.

Die frühe Politikberatung durch Kommissionen war vor allem Wirtschafts- sowie Finanzberatung und als hoch institutionalisierte und damit auch kontrollierbare Angelegenheit konzipiert, die jenseits des Marktes einen Einfluss von innen vor allem auf die politische Ökonomie der Bun-

---

[9] Für eine Zusammenstellung der Quellen siehe Siefken (2003).

desrepublik ausübte. Die Mitglieder sowohl der Beiräte als auch des Sachverständigenrates erhielten diese Weihen aufgrund ihrer Expertise – und manchmal auch ihres Parteibuches – in der wissenschaftlichen community brachte ihnen die nicht einmal gut dotierte Nebentätigkeit in der Regel kaum höheres Renommee ein. Noch heute ist etwa der Applaus für den umtriebigen Bert Rürup in der Presse[10] weitaus höher als unter seinen Fachkollegen, die aus den unterschiedlichsten Motiven Kritik an der intensiven Beratungstätigkeit des Darmstädter Finanzwissenschaftlers üben. Praktisches Engagement und aktiver Einsatz der eigenen wissenschaftlichen Expertise für gesellschaftliche Probleme, die es zu lösen gilt, haben immer noch ein „Gschmäckle" in Deutschland und werden dem engagierten, immer unter Ideologieverdacht stehenden Wissenschaftler als Profilneurose oder Geltungsdrang ausgelegt. In der Summe war und ist wissenschaftliche Beratungstätigkeit in der Bundesrepublik das Ergebnis einer erfolgreichen Wissenschaftlerkarriere, niemals aber deren Anfang.

4.3.1.4 Regierungsberatung durch Einzelberater

Matthias Machnig, ehemaliger SPD Generalsekretär und Kampa-Leiter, antwortete auf die Frage, wie viele politische Berater es in Deutschland gäbe:

> „Gar keine. Deutsche Spitzenpolitiker umgeben sich mit Stäben, in denen meist Freunde oder langjährige Weggefährten sitzen. Doch diesen fehlt die Distanz, um wirklich objektiv Rat erteilen zu können. Echte Profis, die sowohl inhaltlich als auch in Sachen Kommunikation beraten, gibt es nur im angelsächsischen Raum. Das wird sich aber in den nächsten Jahren ändern. Ich beobachte bei den jungen Politikern eine zunehmende Offenheit gegenüber Stimmen von außen."[11]

---

[10] siehe hierzu etwa Wirtschaftswoche 48/2004, S. 32-35.
[11] So zitiert in Die Welt vom 27.8.2005.

Machnigs Diagnose lässt sich an der Darstellung der engsten Beraterkreise der deutschen Kanzler seit Gründung der Bundesrepublik belegen. Zwar hat es immer wieder Beratung von außen gegeben, aber jeder der deutschen Bundeskanzler versammelte um sich einen engen Kreis von Beratern, die meist aus dem Kanzleramt stammen und mit denen in fest institutionalisierten Kreisen, in auf Amt und Vertrauen basierenden Beziehungen, über die wichtigsten politischen Fragen beraten wurde. Diese waren im Gegensatz zu anderen Beratungsformen von außen und innen auf Dauer angelegt und durch eine hohe Interaktions- und Kommunikationsdichte gekennzeichnet.

Adenauer etwa, bis 1963 Bundeskanzler, umgab sich mit einem kleinen Kreis von überwiegend im Kanzleramt beschäftigten Vertrauten, zu denen unter anderen Globke, Blankenhorn, Hallstein, Lenz sowie von Eckhardt gehörten (vgl. Niclauß 2004: 77). Der erste bundesrepublikanische Kanzler nutzte neben dem Bundespresseamt bereits eine externe Agentur zur politischen Kommunikation. Die „Arbeitsgemeinschaft demokratischer Kreise" (ADK) wurde 1951 als gemeinnützige Public Relation Agentur gegründet, wurde u.a. vom Bundespresseamt und später vom Verteidigungsministerium finanziert und verfügte bereits 1952/53 über ein bundesweites Netz von 17.000 Mitarbeitern (vgl. Niclauß 2004: 88).

Adenauers Nachfolger Ludwig Erhard begann seine Karriere als wissenschaftlicher Wirtschaftsberater am „Institut für Wirtschaftsbeobachtung der deutschen Fertigwaren" in Nürnberg (vgl. Mierzejewski 2005: 26f.). Auch daraus resultierte seine Offenheit, externe Expertise in die Politikformulierung einzubeziehen. An Erhards Vorstellungen zur sozialen Marktwirtschaft und ihrer Umsetzungen hatte der sogenannte „Sonderkreis" maßgeblich Einfluss. Hierzu gehörte neben den Journalisten Johannes Gross und Rüdiger Altmann auch der Politikwissenschaftler Rudolf Wildenmann (vgl. Niclauß 2004: 110). Wie alle Kanzler installierte Erhard im Kanzleramt einen regelmäßig stattfindenden Besprechungskreis: In dem sogenannten Montagskreis konferierte er wöchentlich mit dem Bundesminister für besondere Aufgaben, Krone, sowie dem CDU Vorsitzenden Barzel und dem CSU Vorsitzenden Strauss.

Kiesinger, seit 1966 Kanzler der großen Koalition, richtete 1968 einen aus Wissenschaftlern und erfahrenen Beamten zusammengesetzten festen Planungsstab im Bundeskanzleramt ein, das als offizielles, wissenschaftliches Beratungsgremium des Kanzlers fungierte. Der Planungsstab war in der Regel eher mit ressortübergreifenden, langfristigen Themen betraut und konnte Gutachten und Beratungsaufträge nach außen vergeben (vgl. Lompe 1969).

Keiner der deutschen Kanzler konnte sich stärker auf die Intellektuellen stützen als Willy Brandt, der Georg Kiesinger nach seiner knapp dreijährigen Kanzlerschaft im Oktober 1969 beerbte. Sein Wahlkampf zur Ablösung der großen Koalition unter konservativer Führung wurde unter anderem unterstützt von der „Sozialdemokratischen Wählerinitiative", zu der neben vielen anderen die Schriftsteller Günther Grass und Siegfried Lenz und auch der Politikwissenschaftler Kurt Sontheimer gehörten. Grass und Lenz begleiteten Brandt etwa zu der Unterzeichnung des deutsch-polnischen Vertrages in Warschau – in der „Gruppe 47" organisierte Schriftsteller unterstützen Brandt beim Redenschreiben.

Sein Nachfolger Helmut Schmidt institutionalisierte seine wichtigsten Berater im „vierblättrigen Kleeblatt", zu dem neben dem Chef des Kanzleramtes Schüler auch Hans-Jürgen Wischnewski und der Leiter des Presse- und Informationsamtes Klaus Bölling gehörten.

Mit Amtsantritt richtete sein Nachfolger Helmut Kohl die „Morgenlage" ein, zu der neben dem Chef des Kanzleramtes Jenninger und dem Leiter der außenpolitischen Abteilung des Kanzleramtes Teltschik auch der Leiter der Abteilung „Gesellschaftliche und politische Analysen Kommunikation und Öffentlichkeit" (ehemals Planungsabteilung) Eduard Ackermann, der jeweilige Leiter des Bundespresseamtes sowie seine persönliche Assistentin Juliane Weber zählten.

Nach 18 Jahren Kanzlerschaft übergab Kohl den Stab an seinen Nachfolger Gerhard Schröder. Dieser brach mit Beratungstraditionen seiner Vorgänger insofern, dass er – neben einem durch persönliche Kontinuität im Kanzleramt gekennzeichneten Beraterstab – einige neue Elemente in Wahlkampf und Regierung aufnahm. Nach amerikanischem

Vorbild richtete er mit der Kampa eine Wahlkampfzentrale ein, die unter der Leitung von Matthias Machnig in 1998 und 2002 zu seinem Sieg beitrug. Des weiteren richtete er eine Reihe von Kommissionen („Süssmuth-Kommission", „Rürup-Kommission", „Hartz-Kommission") ein, um die zentralen, gesellschaftlichen Probleme in der politischen Arena durch externen Sachverstand bearbeiten zu lassen. Das Besondere an diesen Kommissionen war, dass sie öffentlich berufen wurden, getagt und ihre Berichte vorgelegt haben.

5   Die Ausbildung zum Politikberater – Bewegungen auf dem Bildungssegment

5.1   Das Berufsziel Politikberater – zum Ausbildungsangebot in Deutschland.

Die Ausbildung zum Politikberater wird mittlerweile in einer Reihe von Hochschulen und privaten Instituten als Weiterbildung sowie in berufsqualifizierenden oder Aufbaustudiengängen angeboten. Ziel der Ausbildungsgänge ist es, für Tätigkeiten in der öffentlichen Verwaltung, in Nichtregierungsorganisationen, in Politik und Wirtschaft zu qualifizieren. Schwerpunkte der Ausbildung liegen neben einem starkem Fokus auf den Grundlagen der Politikwissenschaften und den Methoden der empirischen Sozialforschung auf der Vermittlung der gängigen Techniken der Public Affairs: Issue Management, Monitoring, politische Kommunikation, Konkurrenzbeobachtung, Policy Analysen und weitere praktische und theoretische Fragen der Governance.

Tabelle 4: Studiengänge im Ausbildungssegment Politikberatung

Universität	Abschluss	Studiendauer	Zielgruppe	Kosten	Kommentare
Hertie School of Governance	Master of Public Policy	zwei Jahre	Aufbaustudiengang, richtet sich vor allem an Juristen, Ökonomen und Politikwissenschaftler	20.000 Euro	
Erfurt School of Public Policy	Master of Public Policy	zwei Jahre	Aufbaustudiengang	6.000 Euro	
Fachhochschule für Verwaltung und Rechtspflege in Berlin	Bachelor in European Public Policy & Administration	drei Jahre	grundständiger Studiengang	3.200 Euro	
Fachhochschule für Verwaltung und Rechtspflege in Berlin	Master of Arts in European Administrative Management	zwei Jahre	Aufbaustudiengang	325 Euro	
Hamburger Universität für Wirtschaft und Politik	Master für Europastudien	drei Jahre	Aufbaustudiengang	Keine	
Hochschule Bremen	Bachelor in Political Management	Sieben Semester	grundständiger Studiengang	Keine	
Humboldt Universität und Viadrina Universität	Master of Public Policy	zwei Jahre	Aufbaustudiengang	17.500 Euro	noch in Planung
Universität Bielefeld	Master in Politischer Kommunikation	zwei Jahre	Aufbaustudiengang	Keine	
Universität Bremen	Master in European Labour Studies	zwei Semester	Aufbaustudien	2.270 Euro	
Universität Halle	Master of Science „Empirische Ökonomik und Politikberatung"	Vier Semester	Aufbaustudiengang, richtet sich an Ökonomen	Keine	
Universität Passau	Bachelor Governance and Public Policy	Sechs Semester	grundständiger Studiengang	Keine	
Universität Konstanz	MA Public Policy and Management	Vier Semester	Aufbaustudiengang	Keine	
Universität Leipzig	Magister in Europastudien	Vier Semester	Aufbaustudiengang	Keine	
Universität Magdeburg	BA/MA in European Studies	Sieben Semester/drei Semester	grundständiger Studiengang/Aufbaustudiengang	Keine	
Fernuniversität Hagen	MA „Politische Steuerung und Koordination"	Vier Semester	Aufbaustudiengang	1.028 Euro	
Universität Tübingen	Master of European Studies	9 Monate	Aufbaustudiengang	2.500 Euro	in Kooperation mit dem Landesministerium für Wissenschaft
Universität Potsdam	Master of Public Management	14 Monate	Aufbaustudiengang, richtet sich an internationale Studenten mit Berufsziel Entwicklungszusammenarbeit und Non-Profit	8.400 Euro	in Kooperation mit InWent
Universität Potsdam	Master of Global Public Policy	14 Monate	Aufbaustudiengang, richtet sich vor allem an internationale Studenten	8.385 Euro	
Universität Kassel	Master in Media, Communication	drei Semester	Aufbaustudiengang	Keine	
Verwaltungs- und Wirtschaftsakademie	Marketing-Kommunikations-Ökonom	zwei Jahre	nebenberufliches Studium	2.868 Euro	12 Studienorte zur Wahl
Wildau Institute of Technology in Partnerschaft mit dem Deutschen Institut für Public Affairs	Master of Public Affairs	zwei Jahre	Aufbaustudiengang	11.000 Euro	

Die Entwicklung der Studiengänge steht noch in ihren Anfängen, der Ausbildungsbereich der Politikberatung wird jedoch zunehmend nachgefragt: Das junge akademische Feld stößt sowohl auf Seiten öffentlicher und privater Bildungsanbieter als auch auf Seiten der Studentenschaft auf großes Interesse. Mittlerweile konnten sich bereits einige Studiengänge fest etablieren, welche international anerkannte Master- und Bachelor-Abschlüsse anbieten. Die Finanzierung dieser neuen Studienabschlüsse wird an den staatlichen Hochschulen vor allem über öffentliche Mittel, an den privaten Einrichtungen über Stiftungen und/oder Gebühren realisiert. Ob und inwieweit vor allem die kostenpflichtigen Master-Abschlüsse im Markt in großem Umfang angenommen werden, kann derzeit noch nicht abschließend beurteilt werden. Tabelle 4 gibt einen Überblick über die Angebote der wichtigsten Studiengänge im Ausbildungssegment Politikberatung.

Das Studienangebot verteilt sich auf private und öffentliche Ausbildungsstätten. Wie sehen die Inhalte der Studiengänge aus? Die Inhalte und Ziele des Master Studiengangs der Hertie School of Governance und des Bachelor Studiengangs der Hochschule Bremen illustrieren stellvertretend, worauf es in dem noch jungen Berufsfeld ankommt.

Der Master of Public Policy an der Hertie School of Governance

Im September 2005 ist der erste Jahrgang Studenten an der durch die Hertie Stiftung geförderten Hertie School zum Studium in Berlin angetreten. Der Studiengang ist multidisziplinär und praxisbezogen ausgerichtet, bereits die erste Kohorte umfasste 30 Studierende aus 17 Ländern, zu Beginn des Studienjahres 2008/09 haben sich 101 Studenten aus 36 Ländern neu immatrikuliert. Sie haben die Chance, innerhalb von zwei Jahren das Handwerkszeug effizienten Regierens zu erlernen. UN-Umweltdirektor Prof. Klaus Töpfer eröffnete den Master of Public Policy-Studiengang und verwies auf die zentrale Bedeutung des Studiengangs für modernes und zukunftsorientiertes Regieren: „Ohne die richtige Governance kann es keine Entwicklung in der Welt geben. Ich freue mich darüber, dass eine Hochschule in Deutschland Menschen aus aller Welt Möglichkeiten aufzeigt, politische und gesellschaftliche Probleme zu lösen."[12]

Das Curriculum ist in Core und Advanced Curriculum unterteilt. Das Core Curriculum dauert ein Jahr und zielt darauf ab in den beiden Feldern „verstehen" (understanding) und „verändern" (changing) Kompetenzen zu vermitteln. Jeweils vier Kurse pro Kompetenzfeld vermitteln Grundlagen vor allem in der historischen Entwicklung der Public Affairs, der Volkswirtschaft und der politischen Ökonomie. Besonderes Gewicht wird dem Erlernen von Verhandlungsfähigkeit, Mediation und politischer Kommunikation beigemessen. Das Advanced Curriculum ist ebenfalls für die Dauer eines Jahres angelegt. Hier geht es vor allem darum, die im Core Curriculum erworbenen Kenntnisse anzuwenden. Vier der acht Wahlpflichtfächer müssen die Kernkompetenzen der School abdecken: „European and International Governance", „Economics, Welfare und Sustainability" sowie „Public Management". Verpflichtend sind zudem zwei integrierte workshops sowie ein sechswöchiges Praktikum. Dieses kann mit einem Studentenprojekt verbunden werden, indem ein aktuelles Problem in einer Institution umfassend analysiert und in einem Papier dargestellt wird[13].

Der Bachelor in Political Management an der Hochschule Bremen

Der BA in Political Management erstreckt sich über einen Zeitraum von sieben Semestern. Ziel des Studienganges ist es für eine Tätigkeit in Parlamenten, Regierungsstellen, Verbänden, Parteien, Kirchen, Nicht-Regierungsorganisationen und Unternehmen auszubilden. Die Beschreibung

---

[12] Siehe die Pressemitteilung der Hertie School zum Beginn des ersten Studienjahrgangs, http://www.hertie-school.org/de/6_media/news/2005/20051006_05.html.
[13] Alle Angaben zum Curriculum unter http://www.hertie.school.org

des Studienganges macht das zentrale Anliegen in Bezug auf die zu vermittelnden Kompetenzen und Fähigkeiten deutlich:

> „Die Studierenden erwerben die Fähigkeit, Politikberatung zu leisten und politikrelevante Arbeit in Organisationen zu begleiten. Politikmanagement begleitet kollektiv bindende Entscheidungen in politischen Systemen methodisch fundiert, zielbezogen und gemeinwohlorientiert. Die Studierenden werden auf den in allen politischen Ebenen zunehmenden Bedarf an systematischer Vorbereitung von Entscheidungen und Durchführung von Programmen in einer immer enger verflochtenen Welt vorbereitet."[14]

Bei den Inhalten des Studiengangs wird auf eine Mixtur aus Methoden, Theorie und praxisrelevantem Wissen geachtet. Dabei spielt die internationale Ausrichtung eine zentrale Rolle. Die Studieninhalte setzen sich aus folgenden Einzelmodulen zusammen:

- Theorie der Politik: Politische Systeme, Politische Theorie, Inter- und Transnationale Beziehungen, Politische Soziologie.
- Empirie der Politik: Empirische Politikforschung, Politische Ökonomie, Geschichtswissenschaften, Rechtswissenschaften.
- Praxis der Politik: Politikberatung, Politische Kommunikation, Organisationslehre/Betriebswirtschaftslehre, Verwaltungswissenschaften.

Das Angebot zeigt, dass der neue Studienzweig der Politikberatung im Begriff ist sich zu etablieren und zu expandieren. Öffentliche und private Ausbildungsstätten bieten mittlerweile Ausbildungsgänge an, die exakt auf den noch jungen Beruf des Politikberaters ausgerichtet sind. Mit der Ausformung dieses speziellen Studienangebots nimmt die Profession des Politikberaters konkrete Züge an und entzieht sich zunehmend beruflichen Quereinsteigern, die keine dementsprechende Ausbildung genossen haben.

---

[14] Siehe http://www.hs-bremen.de/Deutsch/Seiten.asp?SeitenID=4105

5.2 Sind Angebot und Nachfrage im Gleichgewicht?

Ein BA oder MA in Public Affairs oder Politikmanagement befähigt nicht in jedem Falle zur erfolgreichen Ausübung dieser Tätigkeit. Wie in vielen anderen freien Berufen, hängt der Erfolg letztlich an der richtigen Mixtur aus persönlichen Eigenschaften, Methodenkompetenzen, Handwerk und vor allem Erfahrung. Letztlich qualifiziert, vergleichbar mit dem Berufsfeld des Journalismus, fast jedes wissenschaftliches Studium für eine Karriere als Politikberater. Ein gezielt erworbenes Handwerkszeug für den Bereich der Beratung macht jedoch sicher manchen Weg kürzer: Ein fester Ausbildungszweig zum Berater etabliert sich, die Angebotsseite ist im Begriff sich zu strukturieren. Wie sieht es jedoch mit der Nachfrageseite aus? Was genau wird denn überhaupt in diesem Berufsfeld nachgefragt? Zwei ausgewählte Beispiele von Stellenausschreibungen internationaler Spitzenkonzerne sollen dies illustrieren.

Abbildung 1: Stellenausschreibung des japanischen Elektronikkonzerns Hitachi

---

„Head of Public Affairs"

Function description:
Working directly to the Chief Executive your role will be to work with public authorities in Europe to promote positive awareness of Hitachi's capabilities and a good public image of the company. You will be a source of information to all Group companies, and will develop with them a proactive approach to the handling of regulatory and other governmental issues. You will also oversee our relations with the EU institutions and European funding bodies.

With responsibility for developing and driving all elements of the Public Relations strategy for the Group across Europe, you will manage press relations and corporate branding, together with some involvement in business development activities in the UK. You will also be responsible for the continued development of the Group's policy of Corporate Social Responsibility and for raising its awareness among all personnel.

> *Profile:*
> The size of the challenge demands an influential, creative thinker with a proven track record of success in PA and PR, with a working knowledge of the EU, government and related institutions, capable of interfacing at the highest levels. A technology background would also be desirable.
>
> We are looking for individuals proficient in two, ideally three European languages, who are capable of leading change and contributing at the strategic level to the continued growth of a high profile, world-leading brand. „[15]

Abbildung 2: Stellenausschreibung des Tabakkonzerns Reemtsma

> **Public Affairs Manager (m/w)**
>
> *Ihre Aufgaben:*
> - Management und Entwicklung von Public Affairs relevanten Themen
> - Identifizierung von Zielgruppen und Stakeholdern im politischen Umfeld
> - Erstellung von Analysen und Lobbyingkonzepten
> - Steuerung und Führung externer Berater in Einzelprojekten
> - Vorbereitung von Gesprächen mit politischen Entscheidungsträgern
> - Erstellung von Management Reports
>
> *Ihr Profil:*
> - abgeschlossenes Hochschulstudium oder vergleichbare Ausbildung
> - Erfahrung in politischer Kommunikation auf Bundesebene
> - gutes bestehendes Netzwerk zu deutschen Politikern und Parteien
> - vertiefte Kenntnisse der deutschen Politiklandschaft
> - Erfahrung in Projektmanagement wünschenswert
> - exzellente Englischkenntnisse in Wort und Schrift sowie exzellente Kommunikationsfähigkeiten
> - ausgeprägte analytische und strategische Fähigkeiten[16]

---

[15] Siehe Economist vom 1. Oktober 2005

Es gilt festzuhalten, dass besonders in den angloamerikanischen Ländern sowie in Belgien, der administrativen Zentrale der Europäischen Union, Public Affairs Manager oder Government Relation Officers in Wirtschaft und Nichtregierungsorganisationen zum festen Bestandteil des Personals gehören. Dabei geht es vor allem darum, Einfluss auf Gesetzgebungsprozesse und politische Entscheidungen geltend zu machen sowie das öffentliche Bild einer Organisation oder eines Unternehmens zu formen. Deutschland hinkt bezüglich der Nachfrage nach speziell ausgebildetem Fachpersonal im Bereich der Politikberatung hinterher. Hier werden bis dato in bescheidenem Maße Stellen für die junge Profession ausgeschrieben.

Tabelle 5 gibt Aufschluss darüber, welche Akteure bzw. Institutionen speziell in Deutschland Politikberatung nachfragen, und zeigt, welche Art der Politikberatung jeweils im Zentrum des Interesses steht.

Tabelle 5: Tabelle 5: Wer fragt Politikberatung nach, mit welchem Schwerpunkt?

Adressaten	policy	politics
Parlamentarier		X
Regierung	X	
Parteien		X
Verwaltung	X	
Unternehmen		X
NGO's		X
Verbände		X

---

[16] So gesehen auf Jobpilot.

III. DIE NACHFRAGE

6 Siegeszug der Consultants?

Von einem Markt im klassischen Sinne, auf dem Dienstleistungen oder Produkte durch spezialisierte Anbieter angeboten und durch nachfragende Kunden angenommen wurden, konnte man also – dies hat der kurze Abriss deutlich gezeigt – in der Tat nicht reden. Politikberatung in Deutschland war vor allem wissenschaftliche Beratung und beruhte bis in die neunziger Jahre auf der Annahme, dass die Sicherstellung von Mitteln den Experten Zeit und Muße ließ, unabhängig von einer Korrumpierung durch Marktnotwendigkeiten mit neutralen und „objektiven" Empfehlungen aufzuwarten. Allerdings war keines der Institute wirklich unabhängig. Die materielle Absicherung resultierte wahrscheinlich auch nicht in „besseren" Lösungen für politische Probleme, sondern vor allem in der Tatsache, dass sich in Deutschland keine den USA oder Großbritannien vergleichbare Think Tank Kultur formiert hat, die häufig zu innovativen Politikangeboten und kreativen Konzepten beiträgt (vgl. Thunert 2008). Doch nicht allein durch den Umzug vom beschaulichen „Raumschiff Bonn" in die sprudelnde Metropole Berlin hat sich der Wind gedreht: Die Wissenschaft hat ihren Alleinvertretungsanspruch auf Erkenntnisgewinn verloren. Die Dynamik der Globalisierung und der daraus resultierende schnelle Durchlauf von Leitfiguren, Leitideen und eben auch Problemen hat deutlich werden lassen, dass die Wissenschaft bisweilen zu langsam und zu theoretisch ist, um rasche Lösungsvorschläge für politische, soziale oder wirtschaftliche Problemlagen anzubieten. Hinzu kommt, dass die Wissenschaft ein von der Wirklichkeit zunehmend entkoppeltes internes Bewertungssystem entwickelt hat, in dem Forschungsschwerpunkte und Anerkennungssysteme hochgradig selbstreferentiell geworden sind. Diese Punkte können als Hauptgründe dafür gelten, dass die Wissenschaft als strategischer Berater zunehmend von den Unternehmensberatungen verdrängt wird (vgl. Becker 2004: 407). Wirtschaftssekretär Alfred Tacke, bis 2004 Staatssekretär im Bundesministerium für Wirtschaft und Technologie, bringt es – ausgerechnet auf einer Jahrestagung des ehrwürdigen Vereins für Socialpolitik – despektierlich auf den Punkt: „Wir fragen derzeit lieber Unternehmensberater wie McKinsey oder Berger, wenn wir schnell ein Politikkonzept brauchen."[17]

6.1 Wie viele Unternehmen mit dem offering „Politikberatung" gibt es in Deutschland?

Unternehmen in Deutschland werden nach WZ Codes Industrie- und Dienstleistungssektoren zugeordnet. Diese Codes spiegeln die mittlerweile große Bandbreite des Dienstleistungssektors kaum wieder, was zu erheblichen methodischen Herausforderungen in der Quantifizierung von Dienstleistungsmärkten führt. Weder die Statistischen Landesämter oder das Statistische Bundesamt, noch die Industrie- und Handelskammern können hier valide Auskünfte geben. Es ist immer und in jedem Falle notwendig, die Unternehmensdaten aus diesen Bereichen „händisch" zu bereinigen, indem man schlicht auf die Webseiten in Frage kommender Unternehmen oder – falls vorhanden – in ihre Geschäftsberichte schaut. Ein ähnliches Bild ergibt sich bei der Untersuchung des Marktes für Politikberatung: Für die in Frage kommenden Codes KA74142 „Public Relations und Communication Consultancy Activities" und KA74141 „Business and Management Consultancy Activities" werden in Deutschland in Unternehmensdatenbanken insgesamt 18.931 Unternehmen aufgelistet[18]. Nach einer Bereinigung der Daten sowie Webre-

---

[17] So gesehen auf Stern.de am 5.12.2003.
[18] Siehe Amadeus Unternehmensdatenbank.

cherchen, kann die Zahl der politikberatenden Unternehmen, die ihre Dienstleistungen mit dem Ziel Gewinne zu erwirtschaften am Markt anbieten, auf 30 heruntergebrochen werden. Politiko, das Handbuch für politische Kommunikation, nennt fünf Agenturen, die Politikberatung als offering haben und achtzehn Unternehmen mit dem offering Public Affairs[19]. Schätzungen zufolge gibt es 600 bis 800 Politikberater, d.h. one-man-shows, in Deutschland (vgl. Optenhögel 2004: 32).

6.2 Der Beratungsmarkt im öffentlichen Sektor

Wollte man dennoch den Markt für Beratungsleistungen quantifizieren, bieten zunächst die Verbände der Managementberater sowie Analystenhäuser einen Ansatzpunkt. Nach Angaben des Bundes deutscher Unternehmensberater (BDU) wurden in Deutschland in 2003 12,2 Milliarden Euro für Managementberatung ausgegeben, davon rund 1,15 Milliarden (9,4%) durch die öffentliche Hand. Davon wird ein knappes Viertel (24%) für Strategieberatung aufgewandt, 29,2% für IT Beratung und Dienstleistungen, 35,3% für Organisationsberatung, 11,5% für Personal- und HR Beratung. Ein noch weitaus größeres Volumen hat der Markt für IT Dienstleistungen. Der Analyst Pierre Audoin Consultants (PAC) gibt allein für den öffentlichen Sektor in 2004 Umsätze von 4,1 Milliarden Euro an, darunter 2,19 Milliarden für Projektdienstleistungen, 970 Millionen für Softwareprodukte und -lösungen und 952 Millionen für Outsourcing. Insgesamt hat die öffentliche Hand in Deutschland in 2003 rund 4 Milliarden Euro für externe Dienstleistungen ausgegeben[20]. Dies umfasst das gesamte Spektrum von Beratungsleistungen. Weder ein Verband noch ein Analystenhaus hat sich bis dato bemüht, den Markt für Politikberatung zu quantifizieren. Es ist also vonnöten, angesichts des schwer

---

[19] Die Daten sind Politiko: Handbuch für Politische Kommunikation 2005 entnommen.
[20] Quelle: Pierre Audoin Conseille 2003.

eingrenzbaren Portfolios, mit Näherungen auf Basis von vorhandenem Datenmaterial zu arbeiten.

7 Der Markt für Politikberatung

In den vorangegangenen Kapiteln haben wir Veränderungen auf der Angebotsseite ausgemacht: Im Zentrum der Betrachtung standen neue Studiengänge in den Feldern Politikmanagement, Politische Kommunikation und Public Affairs, die beratenden Akteure sowie ihre jeweiligen Offerings an den Markt. Wie sieht es nun aber auf der Nachfrageseite aus? Und: Wie funktioniert das Zusammenspiel zwischen Angebot und Nachfrage? Gibt es einen Markt für Politikberatung? Qua Lehrbuch ist ein Markt der Ort der Preisfindung zwischen Angebot und Nachfrage. Gruppiert man die im ersten Teil des Buches beschriebenen Akteure auf dem deutschen Markt für Politikberatung, dann erhält man in der Tat einen „Kessel Buntes". Auf der Angebotsseite tummeln sich Stiftungen, Kommunikations- oder Public Affairs Agenturen, universitäre Forschungsinstitute, international tätige Unternehmensberatungen oder auch One Man Shows ausgewiesener Experten. Nicht allen geht es dabei um Umsätze und Gewinne, häufig tragen die Einrichtungen im Interesse der sie finanzierenden Parteien oder Unternehmen zur Meinungsbildung bei oder erbringen Beratungsdienstleistungen pro bono mit dem Ziel, Kundenbeziehungen aufzubauen. Zählt man alle externen – also nicht in der Administration verankerten – Institutionen zusammen, dann kommt man auf rund 150 Think Tanks, Forschungsinstitute, Unternehmen oder Agenturen, die Politikberatung im weitesten Sinne als explizites Offering nennen. Nur wenige der von ihnen sind heute den freien Kräften des Marktes ausgesetzt: Staatliche Grundförderung, Drittmittel oder Stiftungsfinanzierung erlauben, das Angebot an politischem Know How relativ unabhängig von der Nachfrage zu gestalten. Schätzungen zufolge werden 90 Prozent der Beratungsbudgets an staatliche Institutionen vergeben, lediglich magere 10 Prozent werden an externe Berater vergeben (vgl. Riegger 2004: 109). Doch die Zeiten ändern sich, am Markt ausgerichtete Forschungsvorhaben, „Privatisierung", „Profit-Center" oder „Outsourcing" sind auch in der Wissenschaftslandschaft keine Fremdwörter mehr: Erst kürzlich ließ das zur Bundesagentur für Arbeit gehörende Institut für Arbeitsmarkt und Berufsforschung (IAB) vermelden, dass man zukünftig seinen Forschungsleistungen im Politikfeld Arbeit unabhängig von der Mutter auf dem freien Markt anbieten wolle. Andere Institute wie etwa das Hamburgische Welt-Wirtschafts-Archiv (HWWA) müssen offen um ihre Existenz fürchten, manche Einrichtungen wie die Technologiestiftung Baden-Württemberg sind bereits 2003 geschlossen worden.

Über das Volumen des Marktes für Politikberatung gibt es lediglich Annahmen. Erschwert wird die Berechung dadurch, dass sich die Angebote von Forschungsinstituten, Think Tanks, marktförmig agierenden Politikberatern, bekannten Beratungshäusern, Agenturen, Unternehmens- und PR-Beratungen überlappen.

In der kommerziellen Beratung wird die Größe des Marktes durch die Interessenvertretung „Bund deutscher Unternehmensberater" (BDU) sowie die Analysten Kennedy Group, Gartner und Pierre Audoin Conseil (PAC) erhoben. Errechnet werden diese Zahlen durch die tatsächlichen und zukünftig zu erwartenden Umsätze der Beratungshäuser. Während der BDU und die Kennedy Group ausschließlich den Markt für Management Consulting betrachten, fokussieren Gartner und PAC auf den Markt für IT Dienstleistungen im weitesten Sinne. Den vier Quellen ist gemeinsam, dass sie ihre Quantifizierungen auf Basis von Anbieterbefragungen vornehmen. Wir können davon ausgehen, dass Politikberatung im Sinne einer Policyberatung vor allem im Segment der Management-Beratung enthalten ist. Auch für die PR liegen lediglich Schätzungen vor, die durch zwei Verbände, die Deutsche Public Relations Gesellschaft (DPRG) und die Gesellschaft Public Relations Agenturen (GPRA), erstellt werden.

Gespeist aus der Beobachtung der in den angloamerikanischen Ländern erfolgreichen Profession, sind viele Experten der Auffassung, dass es sich hier um ein Marktsegment mit hohen Wachstumsraten handelt. Verstärkt wird diese Wahrnehmung noch durch eine Zunahme des Medieninteresses am Thema. Kein Wunder also, dass insbesondere in den letzten fünf Jahren Agenturen mit dem Angebot „Politikberatung" im Portfolio wie Pilze aus dem Boden geschossen sind. Können wir also tatsächlich von einem wachsenden Markt sprechen? Zunächst gilt es, den Markt zu quantifizieren oder – wie in diesem Falle – bei schwacher Datenverfügbarkeit über Näherungen zu belastbaren Aussagen über die Marktgröße zu kommen. Leitend sollen folgende Forschungsfragen sein:

I.   Wie groß ist der Markt?
II. Ist Politikberatung ein Wachstumsmarkt?
III. Was lässt sich über Umfang und Form der Nachfrage sagen?

Wie groß ist der Markt? Zur Datenlage

Belastbare Aussagen über den Markt für Politikberatung lassen sich wie bereits erwähnt nur über Näherungen treffen. Um uns ein grobes Bild über die Beratungsleistungen in der Bundesrepublik Deutschland zu verschaffen, haben wir vier unterschiedliche Datenquellen zu Rate gezogen:

1.   kleine Anfragen der Opposition im Deutschen Bundestag,
2.   eine von uns durchgeführte Primärbefragung
3.   Leitfadeninterviews mit (ehemaligen) politischen Beratern
4.   eine Analyse der Artikel in der überregionalen Presse zum Thema „Politikberatung" in den Jahren 1998 bis 2006

Über die Kleinen Anfragen, die sich nur auf den Markt auf Bundesebene beziehen, können wir eine Näherung an die nachgefragten Volumina des Kunden „Politik und Verwaltung" machen. Der Vergleich zwischen Anfragen der Jahre 1977 und 2004 erlaubt Aussagen über das Marktwachstum. Unsere Primärbefragung von politikberatenden Firmen ist Grundlage der Darstellung der Angebotsseite des Marktes. Leitfadeninterviews mit aktiven oder ehemaligen politischen Beratern dienen der qualitativen Validierung der Datenauswertung. Im Schlusskapitel zeigt zudem eine kurze quantitative Medienanalyse (S. 113) den Umfang der öffentlichen Diskussion und stellt deren Fokus zusammenfassend dar.

7.1 Die Nachfrageseite

Wir verdanken es einer Reihe von kleinen Anfragen der jeweiligen Oppositionsparteien, die in Folge der intensiven öffentlichen Debatten um unterstellte Vetternwirtschaft mit Beratungsunternehmen aktiv wurden, dass die Datenlage nun eine Annäherung an die Ausgaben für bestimmte Dienstleistungen erlaubt. Da weder die Bundeshaushalte, noch andere Veröffentlichungen erschließen lassen, wie viel tatsächlich für welchen Beratungsauftrag ausgegeben wird, ist eine Analyse auf Basis von Näherungen unumgänglich. Wie sieht es auf der Nachfrageseite aus? Speziell: Was wird für Politikberatung ausgegeben? Diese Frage steht im Mittelpunkt der folgenden Ausführungen. Zwei Anfragen stehen in unserer Analyse im Zentrum: Im ersten Fall handelt es sich um die Antwort der Bundesregierung aus dem Jahre 1977 auf die kleine Anfrage der Abgeordneten Leicht, Dr. Häfele, Haaseb (Kassel), Frau Pieser, Dr. Kreile, Schröder (Lüneburg), Landré, Dr. Meyer zu Bentrup, Dr. Voss, Dr. von Wartenbuerg, Dr. Sprung, Lenzer, Ey und der Fraktion der CDU/CSU (Drucksache 8/346) zu Umfang und Kosten der Beirats- und Gutachtertätigkeit. Für unsere Studie von Interesse ist in erster Linie Frage 3 der Kleinen Anfrage: „Wie setzen sich die im Bundeshaushalt 1977 veranschlagten Beratungskosten in Höhe von 9,9 Mio. DM zusammen?" Das zweite Dokument ist die (detaillierte) Antwort der Bundesregierung auf eine kleine Anfrage der Abgeordneten Dagmar Wöhrl, Karl-Josef Laumann, Dieterich Austermann sowie weiterer Abgeordneten und der Fraktion der CDU/CSU aus dem Jahre 2004 (BT-Drucksage 15/2639) zur

Vergabepraxis und Kosten externer Beratung der Bundesregierung in den Jahren 1998-2003. Die von der Bundesregierung formulierte Definition bezieht den Begriff „Berater" auf Einzelpersonen oder Firmen, die auf vertraglicher Basis beratend tätig geworden sind. Unter „Beratung" ist demzufolge eine Aussage zu einem bestimmten Fachgebiet zu verstehen.

Zu den hier verwendeten Daten lässt sich vorab folgendes sagen: Die Autorinnen sind sich durchaus im Klaren, dass die Antworten der Bundesregierung auf die jeweiligen Anfragen nicht vollständig, ja teilweise sogar verzerrt sind. Es wird wohl niemals gelingen, ein empirisch vollständiges Bild der Beratungsumsätze zu präsentieren. Ferner hinkt der Vergleich zwischen den beiden Anfragen: Während 1977 Umfang und Kosten der Beirats- und Gutachtertätigkeit erfragt wurde, wurde 2004 nach der Vergabepraxis und den Kosten externer Beratung gefragt. Auch hat es in der öffentlichen Diskussion Kritik an den hier präsentierten Daten gegeben: Zunächst von der Opposition, die wiederholt auf unzureichende Auflistungen hinwies; aber auch Vertreter großer Beratungshäuser vermissen das ein oder andere großvolumige Projekt. Nicht zuletzt hat der Bundesrechnungshof in seinen Jahresberichten wiederholt auf unzulängliche Vergabepraxis und unausgegorene Leistungsabsprachen hingewiesen. Leider aber werden diese Berichte nicht veröffentlicht, sodass in der Öffentlichkeit bis auf einige wenige Details nichts bekannt ist. Trotz der unzureichenden Datenlage wird hier auf die in den kleinen Anfragen enthaltenen Daten zurückgegriffen: Sie sind die einzigen in der Öffentlichkeit vorhandenen Nachweise. Sie geben wichtige Hinweise – wenn auch keine klaren empirisch hieb- und stichfesten Aussagen – auf relevante Beratungsdimensionen sowie Beraterrekrutierung und den Umfang der Beratung.

7.2 Kleine Anfragen: Der Vergleich des Standes 1977 mit der Phase 1998 bis 2003

In einem ersten Schritt haben wir die kleinen Anfragen aus den Jahren 1977 und 2004 miteinander verglichen. Die Fragen an das Material waren hier denkbar einfach:

- Wie viele Aufträge wurden jeweils vergeben?
- Welches Volumen hatten sie?
- In was wurde genau beraten?
- Lassen sich im historischen Vergleich deutliche Variationen festmachen?

Da sich die kleine Anfrage aus dem Jahre 1977 auf ein Jahr bezieht, die Anfrage 2004 jedoch auf fünf Jahre, wurden die Angaben der letztgenannten Anfrage auf 5 Jahre heruntergebrochen (siehe hierzu Tabelle 6).

Tabelle 6: Beratung der Bundesregierung 1977 und 1998-2003

	1977	1998-2003	Pro Jahr (im Zeitraum 1998-2003)
N	387	617	123
Volumen	5,6 Mio EURO (9,9 Mio DM)	168,8 Mio EURO	33,6 Mio EURO
Meisten Aufträge durch	Bundesgesundheitsamt (38)	BMBF (217)	BMVBW (75)
Vergabe des größten Auftrags	Umweltbundesamt (1,7 Mio)	BMVBW (15,6 Mio)	

Als erstes fällt auf, dass die Anzahl der von der Bundesregierung vergebenen Aufträge auf der Grundlage dieses empirischen Materials nicht angestiegen ist, ja geradezu das Gegenteil ist der Fall: Während 1977 387 Beratungsaufträge verteilt wurden, waren es in den Jahren 1998-2003 lediglich 123 pro Jahr. Anders verhält es sich hingegen bei den ausgegebenen Volumina: Im historischen Vergleich versiebenfachten sich die

Beratungsleistungen: Im Jahre 1977 wurden knapp 10 Mio DM für Beratungsleistungen ausgegeben, im Zeitraum 1998-2003 waren es jährlich ca. 35 Mio Euro! Dieser Sachverhalt lässt sich durch zwei Entwicklungen begründen: Erstens ist davon auszugehen, dass aufgrund der Professionalisierung im Bereich der Beratungslandschaft (siehe Kap 8) die angebotenen Beratungsleistungen kostenintensiver werden. Eine zweite ergänzende Erklärung ist das sich verändernde, kostenintensivere offering: Politics-Beratung ist kostenintensiver als Policy-Beratung, da eine Veränderung von Prozessen häufig große organisatorische Veränderungsprozesse beinhaltet und auch oft mit einer Veränderung der IT Infrastruktur einhergeht. Policy Beratung hat keinerlei Umsetzungs- oder Implementierungsabsicht und ist häufig mit der Erarbeitung von Empfehlungen abgeschlossen.

Fassen wir die Daten im Vergleich zusammen:

▪ Die Ausgaben für Politikberatung steigen im Untersuchungszeitraum massiv an
▪ Es lässt sich zudem eine klare Verlagerung von policy-Beratung (d.h. inhaltliche Beratung) hin zu politics-Beratung, d.h. Prozessberatung festmachen

Obwohl unsere Daten keinen Anstieg an Beratungstätigkeiten aufzeigen (dies wird übrigens auch von Studien mit dem Schwerpunkt auf Expertenkommissionen dokumentiert, vgl. Siefken 2003), hat sich im historischen Vergleich eine Veränderung in der öffentlichen Wahrnehmung breitgemacht. Seit 1998 ist die Medienberichterstattung über Expertenkommissionen/politische Beratung angestiegen. Das stärkere Medieninteresse deutet darauf hin, dass politische Beratung in den letzten Jahren ein regelrechtes Medienereignis mit besonderer Themenkonjunktur geworden ist. Wie deutlich hier auch Effekte des medieninternen Agenda-Setting vorhanden sind, zeigt sich schon an der identischen Wortwahl in unterschiedlichen Zeitungen und Publikationen, zum Beispiel in Wortschöpfungen wie „Beraterrepublik". Zudem kann die Berichterstattung auch zugenommen haben, weil die Arbeit von Expertengremien, Gutachten etc. zu einem weit verbreiteten Interpretations-Frame passt, mit dem die Schröder-Regierung belegt wird: Die Organisation eines Konsenses zwischen den gesellschaftlichen Akteuren wird als vorrangiges Ziel der Politik wahrgenommen. Vertreter von Partei und Regierung selbst haben ein solches Framing des „Konsens-Kanzlers" verbreitet. Aber auch die beratenden Akteure selbst sind auf maximale Außenwirkung und eigene PR bedacht. So ist beispielsweise der Wirtschaftswissenschaftler Bert Rürup zur Identifikationsfigur der Kommission für die Nachhaltigkeit in der Finanzierung der sozialen Sicherungssysteme geworden, die unter dem Namen Rürup-Kommission weit besser bekannt ist.

1998-2003

Betrachten wir nun aber die Kleine Anfrage aus dem Jahr 2004 genauer. Hieraus lassen sich detailliertere Aussagen über Beratungsformat und -volumen in den Jahren 1998-2003 ablesen.

Die Bundesregierung legt in ihrer Antwort folgende Definition von Beratung zugrunde:

> „…bezieht sich der Begriff ‚Berater' auf Einzelpersonen oder Firmen, die auf vertraglicher Basis beratend tätig geworden sind. Unter ‚Beratung' ist demzufolge eine Aussage zu einem bestimmten Fachgebiet zu verstehen. Nicht als Beraterverträge gelten danach

- Verträge zur Beantwortung von technischen oder rechtlichen Fragestellungen der laufenden Verwaltung in Einzelfällen oder zur Beantwortung von Fragen durch Kommissionen
- In der Regel Werkverträge, Gutachten oder Beratungen im Zusammenhang mit Forschungsförderprojekten, begleitende wissenschaftliche Evaluierungen zu Fördermaßnahmen

- Wissenschaftliche Gutachten zu spezifischen Fachfragen, Aufträge für Redemanuskripte sowie
- Beratungsleistungen in Verträgen, in denen Nach-Beratungsleistungen überwiegen."

Folgende Fragen wurden mit dem der Analyse zugrunde liegenden Material beantwortet:

1. Worin ließ sich die Bundesregierung in der Zeit von 1999-2003 beraten? Wie hoch war das jeweilige Auftragsvolumen?
2. Welche Aufträge über Vergaben an externe Berater und für Gutachten wurden europaweit ausgeschrieben und wann wurden sie im Amtsblatt der EU veröffentlicht? Wer wurde in der jeweiligen Veröffentlichung als Auftragnehmer genannt?
3. Gibt es Verträge über Beratungsleistungen, die europaweit ausgeschrieben worden, aber nicht im Amtsblatt der EU veröffentlicht wurden? Wenn ja, um welche Aufträge handelt es sich und warum wurde auf ihre Veröffentlichung verzichtet?

Mit Verweis auf den Datenschutz hat die Bundesregierung zu den Auftragnehmern sowie dem Beratungshonorar der Auftragnehmer keine Auskunft gegeben. Die in der Kleinen Anfrage ebenfalls aufgeführten Aufträge der obersten Bundesbehörden oder Bundesoberbehörden, bundesunmittelbaren Körperschaften oder Anstalten des öffentlichen Rechts sind in der Analyse nicht enthalten, weil das Datenmaterial in diesem Fall nur Aufträge mit einem Volumen über 50.000 Euro enthält und die Angaben zur Ausschreibungspraxis fehlen.

7.3 Worin ließ sich die Bundesregierung beraten?

Bevor wir uns den empirischen Details der kleinen Anfrage widmen, sollen die jeweiligen Beratungsformate, in denen sich die Bundesregierung beraten ließ, aufgeführt werden. Tabelle 7 unterscheidet 7 Beratungsformate, die sich in unterschiedliche Beratungstypen ausdifferenzieren lassen. In der Analyse wird zwischen dem Format der Dienstleistung (Consulting, Gutachten o.ä) und dem Beratungstyp (Strategie, Organisations- IT-Beratung o.ä) unterschieden. Mit dem Format wird die Art der Erbringung (Schriftform, Projektform) der Dienstleistung beschrieben, der Beratungstyp indiziert, im welchem Teil der Organisation die Beratung angewandt wird.

Tabelle 7: Beratungsformate und Beratungstypen

Format	Beratungstyp	Zuordnung
Consulting	Organisationsberatung Strategische Beratung IT-Beratung Kommunikationsberatung Wissenschaftliche Beratung	Politics-Beratung
PR-Beratung	PR-Beratung	Politics-Beratung
Coaching	Organisationsberatung	Politics- und Policy-Beratung
Gutachten	Wissenschaftliche Beratung	Policy-Beratung
Expertenvortrag	Organisationsberatung Wissenschaftliche Beratung	Policy-Beratung
Rechtsberatung	Rechtsberatung	Policy-Beratung
Steuerberatung	Steuerberatung	Policy-Beratung

Betrachtet man die vorliegenden Daten nach dem Format der Beratungsleistungen, so fließt der größte Teil der Aufträge in Consulting und Gutachten. Alle anderen Beratungsformen nehmen eine vernachlässigbare Position ein. Das Volumen der Aufträge unterscheidet sich jedoch signifikant: Rund drei Viertel der Gesamtausgaben fließen in die Kassen der Beratungshäuser, knapp über 14 Prozent gehen in Gutachten (vergleiche Abbildung 3). Insgesamt wurden 246 Gutachten und 223 Beratungsaufträge vergeben, deren Volumen jedoch erheblich höher ist. Zudem kann davon ausgegangen werden, dass die Zahl der Anbieter im Format Consulting erheblich geringer ist. Zwar gibt die Kleine Anfrage keine Auskunft über die Auftragnehmer, es kann jedoch davon ausgegangen wer-

den, dass mit der Höhe des Volumens die Zahl der potentiellen Auftragnehmer sinkt, denn nur wenige Häuser sind hinsichtlich der manpower
und der skills in der Lage, großvolumige Projekte umzusetzen.

Abbildung 3:   Beratungsaufträge nach Format und Volumen 1998 - 2003

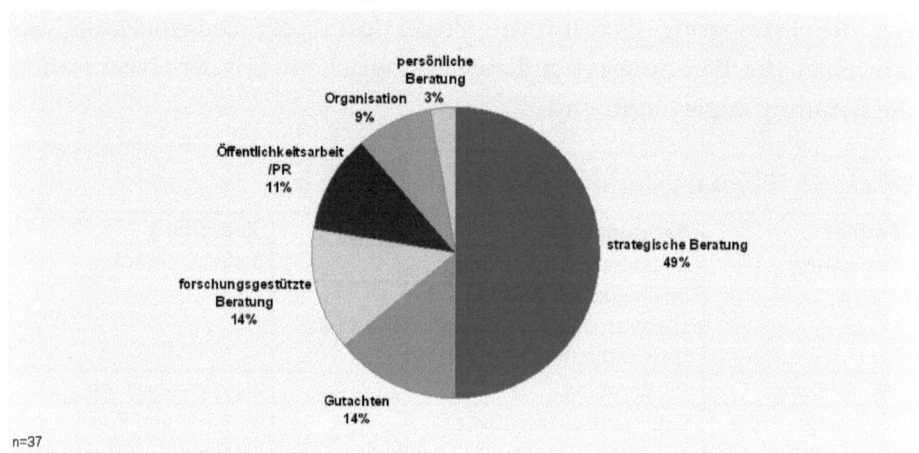

Quelle: BT-Drucksache 15/2762

Über drei Viertel der für Beratungsleistungen ausgegebenen Mittel fallen
auf den Bereich Consulting, lediglich rund 15 Prozent werden für Gutachten aufgewändet.

Gutachten, d.h. Aufträge für wissenschaftliche Politikberatung, werden in der Regel an Universitäten oder Forschungsinstitute vergeben und
dienen der wissenschaftlichen Untermauerung einer aktuellen politischen oder wirtschaftlichen Fragestellung. Beispiele sind etwa der durch
das Bundesministerium für Verkehr, Bau- und Wohnungswesen
(BMVBW) vergebene Auftrag zu den „Auswirkungen von IuK Techniken
auf das Verkehrsaufkommen und auf den Arbeitsmarkt" mit einem Auftragsvolumen von 46.000 Euro, außerdem eine Querschnittsuntersu-
chung zum Programm „Optimale Transporte in der Kreislauf- und Ab-
fallwirtschaft" mit einem Volumen von 742.700 Euro. Die besondere
Struktur des Marktes für wissenschaftliche Politikberatung macht es

schwierig, in diesem Feld unternehmerisch mit dem Zweck der Gewinnmaximierung tätig zu sein. Kein Wunder also, dass wissenschaftliche Politikberatung in der Regel zusätzlich zu einer Tätigkeit an einer Universität oder einem Forschungsinstitut erbracht wird. Die kaum standardisierbaren Dienstleistungen, die zudem unregelmäßig abgefragt werden, sowie die hohen Investitionen in die Expertise der Mitarbeiter machen eine ausschließliche Finanzierung über Auftragsarbeit zu einem enorm schwierigen Unterfangen.

Der Großteil der Mittel fließt also in Konzepte der Politikvermittlung sowie die Organisation und Durchführung von Events und wird in der Regel durch PR- oder Kommunikationsagenturen abgewickelt. Die Mittel für Politikberatung fließen eher in die Vermittlung und Darstellung von Politik und nicht in die Herstellung von Politik. Beispiele für Politikvermittlungsaufträge sind etwa der Auftrag des Bundesministerium für Gesundheit und Soziale Sicherung (BMGS) für eine „Beratung zum effizienten und ökonomischen Einsatz von Kommunikationsmitteln zur Reform der Sozialen Sicherungssysteme" mit einem Auftragsvolumen von 38.000 Euro oder „Beratung im Umfeld Corporate Design der Bundesregierung" mit einem Auftragsvolumen von 63.100 Euro. Ein typisches Beispiel für die Darstellung von Politik wäre ein Konzept für Beteiligung des Bundesministeriums für Bildung und Forschung an der CeBIT 2003 mit einem Auftragsvolumen von 63.500 Euro.

80% der Ausgaben werden für Politics-Beratung aufgewendet, lediglich 20% für Policy-Beratung. Bei genauerer Betrachtung der Kategorie Politics-Beratung fällt auf, dass der mit Abstand höchste Posten für Consulting aufgewandt wird.

Die Hälfte der Ausgaben für Consulting fällt in die Kategorie „strategische Beratung." Hier werden Fragen adressiert wie etwa „Wie setze ich mich gegenüber dem politischen Gegner durch? Wie verhandele ich mit bestimmten Interessengruppen? Wie vermittele ich ein Thema?" Während in der Bonner Republik noch die Top-Down-Kommunikation zwischen politischen Akteuren und den Bürgern Trumpf war, rückt die Information der Bürger mit zunehmender Verflechtung der politischen

Systeme und Komplexität der Problemlagen in der Berliner Republik in Form der horizontalen Kommunikation zwischen unterschiedlichen Akteuren in den Vordergrund. Es geht im politischen Alltagsgeschäft nicht mehr um das einseitige Durchsetzen von Interessen, sondern um das Verhandeln mit anderen politischen Akteuren, Negotation und Mediation spielen eine immer gewichtigere Rolle.

Eine entscheidende Differenzierung dieser Sichtweise besteht allerdings darin, die Veränderungen in der politischen Kommunikation nicht als Folgen exogener Einflüsse zu betrachten, sondern diese auf endogene Ursachen in den jeweiligen Ländern zurückzuführen. Ansätze, die unter dem Diktum der „Modernisierung" bzw. „Säkularisierung" stehen, beziehen sich auf die Veränderung der politischen Kommunikation als Konsequenz eines langen, dauerhaften, universellen Strukturwandels in Politik, Gesellschaft und Mediensystem, der sich generell in modernen westlichen Massendemokratien zeigt. Demnach markieren die Veränderungen im Bereich der politischen Kommunikation die Folgen eines grundlegenden gesellschaftlichen Wandels, der die drei wesentlichen Koordinaten des Kommunikationssystems – politische Akteure, Medien und Publikum – verändert hat (Pfetsch/Esser 2003:18f).

7.4 Zusammenfassung

Rein quantitativ sind die von der Bundesregierung vergebenen Aufträge auf der Grundlage dieses empirischen Materials nicht angestiegen, ja geradezu das Gegenteil ist der Fall: Während 1977 387 Beratungsaufträge verteilt wurden, waren es in den Jahren 1998-2003 lediglich 123 pro Jahr. Anders verhält es sich hingegen bei den ausgegebenen Volumina: Im historischen Vergleich versiebenfachten sich die Beratungsleistungen. Im Jahre 1977 wurden knapp 5,11 Mio Euro für Beratungsleistungen ausgegeben, im Zeitraum 1998-2003 waren es ca. 35 Mio Euro p.a.! Dieser Sachverhalt lässt sich durch folgende Entwicklung begründen: Beratungshäuser sind heute in großen Umfang in gesellschaftliche Transformationsprozesse eingebunden – von der Strategieformulierung bis hin zur Implementierung spielen sie eine wichtige Rolle. Dies ist sehr häufig IT basiert und verlangt an Qualität und Umfang mehr Expertise, als in der öffentlichen Verwaltung vorhanden ist. Sehr häufig wird ein Projekt wie etwa die Modernisierung des Arbeitsmarktes an unterschiedliche Häuser vergeben, die, je nach Expertise, unterschiedliche Teile der Wertschöpfungskette abdecken. Insgesamt lässt sich eine Zunahme der Policy-Beratung diagnostizieren. Der Markt reagiert hier auf die neuen Formen von Governance in der Mediengesellschaft, die in der Entscheidung – häufig medial – vermittelt und nicht mehr top-down durchgesetzt werden können.

Professionelle Politikberater und -vermittler, unter anderem sogenannte Mediatoren, bieten hier mehr und mehr ihre Dienste an. Die Mediation ist ein Verhandlungsmodell mit einem neutralen Konfliktmittler als zentralem Element. Seine Aufgabe ist es, die politische Kommunikation der Konfliktparteien im Rahmen eines geordneten Verfahrens zu moderieren und gemeinsam mit ihnen nach Problemlösungen zu suchen. Die längste Tradition haben Mediationen in den USA: Sie firmieren vor allem unter der Bezeichnung „Alternative Dispute Resolution" und sind dort bereites eine etablierte Form des Konfliktmanagements. Auch in der Bundesrepublik steigt ihre Popularität. Es gibt nicht mehr nur die traditionelle Anwendung etwa bei Schlichtungsverhandlungen im Rahmen von Tarifauseinandersetzungen. Zunehmend werden Mediatoren bei Konflikten eingerichtet, die zum Beispiel aus Abfallfragen oder Verkehrsprojekten resultieren. Dies kann durchaus als Indiz eines Wandels von einer hierarchischen Regelungsstruktur hin zu einem kooperativen Politikverständnis gedeutet werden. So wurde zum Beispiel im Streit zwischen der Bundesregierung und Toll Collect der Unternehmensrechtler Eidenmüller als Schiedsrichter zum professionellen Konfliktmanagement berufen. Hierbei ging es um die Verzögerungen beim Start der elektronischen LKW-Maut. Im Vergleich wird recht wenig für die Beratung materieller Politik, d.h. Policyberatung ausgegeben.

Diese Ergebnisse werden unterstützt durch Befunde der Kommunikationsforschung. Diese richtet ihr Augenmerk verstärkt auf professionelle Kommunikations- und Medienberater, die den oft beschriebenen Wandel der politischen Kommunikation in modernen Mediengesellschaften quasi personifizieren. Von publizistischer Seite wird diese Veränderung zumeist eher kritisch beobachtet. Der „Spin Doctor" mache die Politik zur reinen Show. Die Strippenzieher hinter den Kulissen sorgen dafür, dass die Inszenierung vor den Inhalten steht (Freudenreich 1998). In solchen Äußerungen kommt zum einen das Unbehagen vor einer zunehmend mediengerechten, symbolträchtigen und unterhaltsamen „Verpackung" politischer Inhalte zum Ausdruck, welche nicht zuletzt die „realitätsgetreue" Wahrnehmung politischer Prozesse auf Seiten der Bürger erschwert. Zum anderen kommen aber in den bekannten, allesamt negativ konnotierten publizistischen Stereotypen wie „Strippenzieher", „Hexenmeister" oder „Kanzlerflüsterer" wohl ein journalistisches Unbehagen und eine Unsicherhit gegenüber einer neuen, a priori als einflussreich erachteten Akteursgruppe zum Ausdruck (Tenscher 2003:18).

Ob wir allerdings „amerikanische Verhältnisse" in der Bundesrepublik bekommen, in denen „all spin, no substance" zu beobachten ist, bleibt fraglich. In der Literatur wird häufig die Amerikanisierungsthese beschworen: Diese geht davon aus, dass „die sich wandelnden Organisationsstrukturen und Verhaltensweisen sowie die sich verändernden Beziehungen, die die Medien zu anderen gesellschaftlichen Institutionen unterhalten, [...] als Angleichungs- und Konvergenzprozess in Richtung von zuerst in den US entstandenen Mustern beschrieben werden." (Hallin/Mancini 2003). Amerikanisierung bezeichnet dementsprechend eine gerichtete, uni-lineare Diffusion von Prozessen der politischen Kommunikation von den USA in andere Länder. Zentrale Parameter der Handlungslogik nähern sich denen der entsprechenden Akteure in den USA an, unabhängig von institutionellen Restriktionen. Aus dieser Perspektive kommen innovativere Ansätze vor allem aus den USA. Vertreter der Modernisierungsthese sehen diese Entwicklung in einen größeren Zusammenhang eingebettet (Römmele 2005). Ihrer Ansicht nach muss diese Entwicklung vielmehr als Resultat und Konsequenz des gesellschaftlichen Modernisierungsprozesses und der wachsenden Bedeutung der

Massenmedien gesehen werden. Die Veränderungen im Bereich der politischen Kommunikation und der Einsatz neuer Kommunikationstechnologien werden als notwendige Konsequenz dieser Entwicklung betrachtet. Gerade die zunehmend an Gewicht gewinnende Gruppe der Wechselwähler erfordert eine andersartige Form der Wahlkampfführung und der politischen Kommunikation. Die größer werdende Distanz der Bürger zu politischen Parteien und politischen Eliten, die Zunahme des Anteils der Protestwähler, die Schwächung der organisatorischen Mobilisierungsfähigkeit der Parteien sowie tiefgreifende Veränderungen in der Kommunikationstechnik zwingen Parteien zu einer fortschreitenden Professionalisierung. Ferner müssen – so die Argumentation – länderspezifische Strukturbedingungen mit in die Analyse einfließen. „Konsequenterweise müssen auch die Praktiken und Folgen politischer Öffentlichkeitsarbeit im Kontext jeweils unterschiedlicher Strukturbedingungen interpretiert werden. Die Übertragbarkeit der US-Mediendemokratie ist auch deshalb fraglich, weil die Prämisse, dass die Medien vitale Funktionen der Parteien übernommen haben, für die westeuropäische Parteiendemokratie nicht in gleicher Weise gilt (Pfetsch 2001: 28).

7.5 Die Angebotsseite

Wir haben uns aufgrund der kaum abgrenzbaren Dienstleistungsprofile dieser Gruppe in unserer Umfrage auf die registrierten Unternehmen mit mindestens 5 Mitarbeitern konzentriert, deren Haupteinkünfte über die Dienstleistung „Politikberatung" erwirtschaftet werden.

Um ein besseres Verständnis der Dienstleistungen dieser Unternehmen zu bekommen, haben wir diese Unternehmen mittels eines standardisierten Fragebogens angeschrieben; 37 haben uns geantwortet, was einer Rücklaufquote von 84% entspricht.

Zentral ist hier, die Ergebnisse der Umfrage mit den bisher angestellten Überlegungen abzugleichen: Ist ein Zusammenhang zwischen Angebots- und Nachfrageseite zu erkennen, sind Angebot und Nachfrage im

Gleichgewicht? Noch einmal sei auf die diffizile Datenlage hingewiesen. Die Autorinnen sind sich durchaus darüber im Klaren, dass es sich nicht um einen homogenen Datensatz, um einen Datensatz aus einem Guss handelt. Vielmehr muss durch das Hinzuziehen unterschiedlichster Materialien ein Mosaik erstellt werden, dass einen Eindruck der Realität vermittelt.

Blicken wir also nun auf unsere Ergebnisse: Diese bestätigen einen Boom im Bereich der Beratung mit dem Umzug von Bonn nach Berlin: In der Zeit zwischen 1990 und 1999 gründeten sich 40% der Beratungshäuser, nach der Jahrtausendwende immerhin noch 1/3 der befragten Institutionen.

Abbildung 4:   Unternehmen nach Gründungsjahr

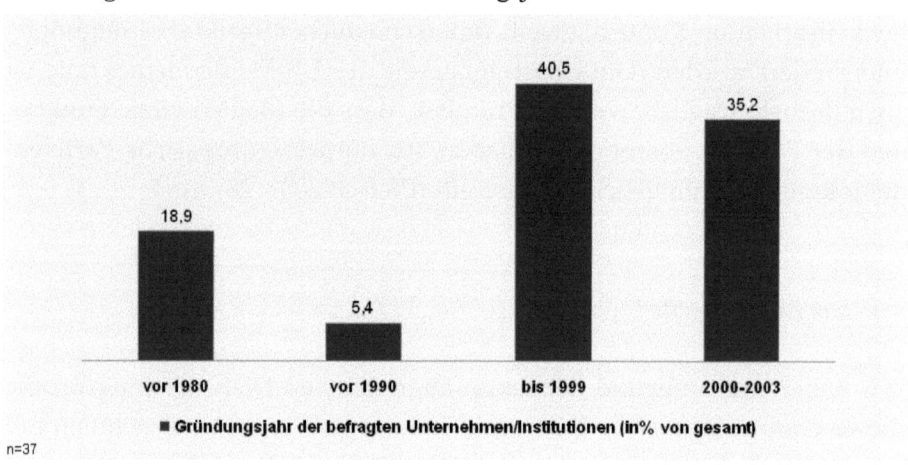

n=37

Quelle: eigene Umfrage

Doch wie sehen die Beratungshäuser „von innen" aus, welche Art von Mitarbeiter engagieren sie? Wie gestaltet sich die Verbindung zur Politik?

Politikwissenschaftliche Kenntnisse sind in den befragten Beratungshäusern von Bedeutung. Unsere Studie hat ergeben, dass über zwei Drittel

82

der Mitarbeiter Politikwissenschaften studiert hat (Mehrfachnennungen waren hier möglich). Doch woher kommen diese Mitarbeiter? Welchen beruflichen Werdegang haben sie hinter sich? Wir wissen aus Studien in den USA, dass zahlreiche politischen Berater innerhalb politischer Organisationen gearbeitet haben, bevor sie in das Beratungsgeschäft einstiegen: „Today, ... the routes of entry appear quite differnt, with many consultants being trained by the political parties and increasingly in specialist courses at universities across the United States" (Farrell et al 2001, 13).

Abbildung 5: Rekrutierungskanäle für Führungskräfte in der Politikberatung

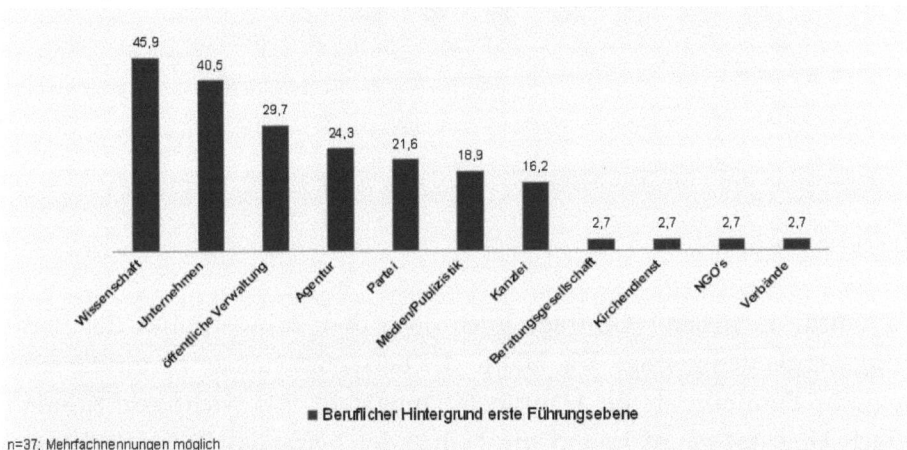

Mehrfachnennungen möglich
Quelle: eigene Umfrage

Dies scheint in der Bundesrepublik Deutschland nicht der Fall zu sein. Der überwiegende Teil der Mitarbeiter in den befragten Beratungshäusern kommt aus der Wissenschaft bzw. aus einem Unternehmen, d.h. ihnen fehlt es an eigener Erfahrung in der politischen Arena.

Nachdem wir uns nun ein erstes Bild über die Beratungshäuser gemacht haben, wollen wir untersuchen, in welchen Feldern sie – nach den Ergebnissen unserer Befragung – schwerpunktmäßig tätig sind. Die drei zentralen Beratungsbereiche sind, wie aus Abbildung 6 zu schließen ist, die Wirtschaft, die Außen- und Sicherheitspolitik und Marketing (Kommunikation/PR).

Abbildung 6: Schwerpunkt der Beratungstätigkeit nach Industrie

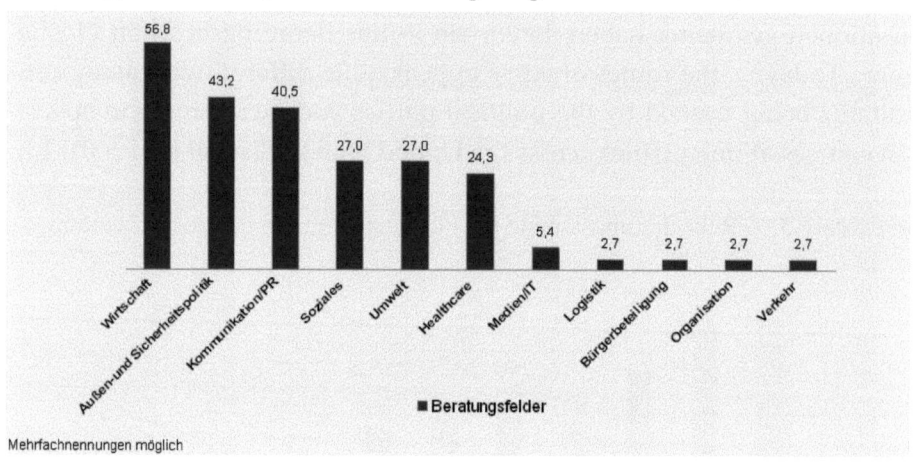

Mehrfachnennungen möglich

Quelle: eigene Umfrage

Es wurde in unserer Umfrage auch nach dem Schwerpunkt der Beratungstätigkeiten gefragt. Die Hälfte der befragten Häuser nennt die strategische Beratung als ihr Hauptbetätigungsfeld. Als wichtigste Kunden (nach Umsatz) nennt knapp die Hälfte der befragten Beratungshäuser Unternehmen (46%), mit großem Abstand gefolgt von Politiker (15%) sowie NGOs (15%). Wahlkampfberatung ist nur für knapp 20% der Beratungshäuser ein Betätigungsfeld. Dies verwundert jedoch auch nicht, weil dies bisher in größerem finanziellen Umfang nur auf Bundes- und in einigen wenigen Fällen auch auf Länderebene stattgefunden hat und hier die Beratungstätigkeit auf einen Einsatz alle 4 Jahre beschränkt ist.

Eine zentrale Frage in der Politikberatung ist die Kontaktaufnahme mit den politischen Akteuren. In manchen Fällen erfolgen öffentliche Ausschreibungen, ab einem Volumen von 100.000 Euro ist dies durch das Vergaberecht vorgeschrieben. Häufig werden jedoch Beratungsaufträge nicht ausgeschrieben; die von den Autorinnen durchgeführten Leitfadeninterviews haben hier ein klares Bild vermittelt: Alle Interviewten haben dem persönlichen, stabilen Kontakt zwischen Beratenden und zu Beratenden eine Schlüsselrolle zugesprochen. So formulierte Elisabeth Noelle, langjährige Beraterin von Altbundeskanzler Helmut Kohl:

> „Grundlage für die Beratung vor allem Helmut Kohls war eine lange Freundschaft. ... Aus unserem ersten Treffen wurde ein mehr als 8-stündiges Gespräch, das die Grundlage unserer Beziehung legte." (Interview geführt am 15. April 2004).

Auch Matthias Machnig, ehemaliger Generalsekretär der SPD und der geistige Vater der Kampa 1998, formuliert:

> „Bei uns sind die Berater von (hochrangigen) Politikern meist langjährige Freunde, zu denen ein gewachsenes Vertrauen besteht. Einen „professionalisierten" Zugang zu den Politikern gibt es nicht." (Interview geführt am 6. Mai 2004).

Unsere Umfrage belegt diese Äußerungen: Als Begegnungspunkte und Orte der Kontaktaufnahme scheinen nach unseren Daten informelle Kreise wie Salons und Netzwerke attraktiver zu sein als Branchenverbände.

Wie schätzen die Befragten das Potential des neuen Marktes ein? Über die Hälfte der Befragten erwartet ein moderates Wachstum im Markt für Politikberatung. Vieles spricht dafür, dass sich in Deutschland kein den USA vergleichbarer Markt für die Dienstleistung Politikberatung entwickeln wird: Die vergleichsweise starken Parteien in Deutschland sowie die erheblich geringere Zahl von Wahlen begrenzen den Markt von vornherein – hinzu kommen die chronisch leeren Kassen der nachfragenden Institutionen. Nach Ansicht der Autorinnen liegt dies zudem an dem noch in weiten Teilen unklaren Serviceangebot, das teilweise aus den USA oder Großbritannien importiert und unzureichend adaptiert wurde.

Abbildung 7: Wie stark wird der Markt an Politikberatung steigen?

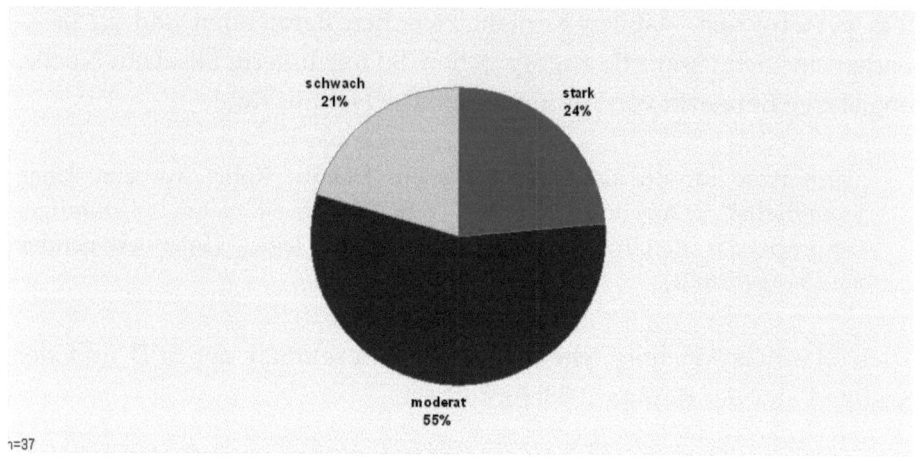

7.6 Ergebnisse der Primärbefragung

Bis dato gibt es lediglich ein relativ kleine Zahl von Unternehmen in der Bundesrepublik, die einen Großteil ihrer Umsätze mittels der Dienstleistung „Politikberatung" erwirtschaften. Unseren Recherchen zufolge beschränkt es sich auf rund 50 Unternehmen. Dazu kommen 600 – 800 Berater, die als Ein–Personen-Unternehmen häufig kein Gewerbe angemeldet haben. Der akademische Hintergrund der in diesem Bereich tätigen Mitarbeiter liegt vorrangig in den Sozialwissenschaften, fast die Hälfte der Führungskräfte kommt ursprünglich aus der Wissenschaft. Insgesamt 80 Prozent der Umsätze werden mit Politics Beratung erwirtschaftet, profitable Bereiche sind hier Wirtschaft, Außen- und Sicherheitspolitik sowie Marketing.

IV. DIE INNENANSICHT

8 Beratung ist Vertrauenssache

Wir haben eine Reihe ausgewiesener Berater nach ihrem Selbstverständnis und ihrer Wahrnehmung des Marktes befragt. Die Bereiche ihrer jeweiligen Aktivitäten sowie ihrer Karriereverläufe sind so vielfältig wie der Bereich der Politikberatung insgesamt. Die Angebotsseite repräsentieren aus dem Journalismus kommende Berater (Spreng, Schmidt-Degeulle), Vertreter aus der Demoskopie (Noelle) und aus Stiftungen kommende Einzelberater (Goergen); auf der Nachfrageseite stehen ehemalige Führungskräfte aus der Staatskanzlei des Bundes (Nowak, Bölling). Außerdem haben wir wissenschaftliche Berater (Raffelhüschen) und Vertreter der Profession, die von der Nachfrage- auf die Angebotsseite und zurück gewechselt sind (Machnig) befragt. Insbesondere interessierte uns, was die von uns befragten Grandseigneurs und Granddames der Beratung jungen Menschen empfehlen, die sich für den Bereich Politikberatung interessieren.

Das Selbstverständnis

Das Selbstverständnis der von uns befragten Berater reicht von „Politikerberater" über den „wissenschaftlichen Berater" bis hin zum „Bildermacher". Keiner der erfolgreichen Berater hat sich als junger Mensch für diese Karriere entschieden, alle sind durch den Verlauf des Berufslebens, die erworbene Expertise und die Kontakte eher zufällig zu der Aufgabe gekommen, als sie aktiv ergriffen zu haben. Dementsprechend sehen alle von uns Befragten unabhängig von der institutionellen Herkunft Erfahrung und Expertise mit den zu beratende Apparaten als unbedingte Voraussetzung der Tätigkeit. Keiner der erfolgreichen Berater überschätzt den eigenen Einfluss, sie sehen sich vielmehr – im positiven Sinne – als Steigbügelhalter der Macht. Die Grenzen der Politikberatung, so Prof. Raffelhüschen, „werden von der Politik gesteckt. Kommissionen oder Expertengutachten helfen dabei, schlechte Nachrichten gut zu verpacken. Mit einem Wissenschaftler als Prügelknaben können Sie auch Unangenehmes besser verkaufen. In der Regel aber werden die Botschaften nur dann übernommen, wenn sie auf die Agenda der politischen Akteure passen." Die (ehemalige) Nachfrageseite steht der Beratung eher kritisch gegenüber und bewertet sie als „Schwäche der politischen Eliten" (Bölling).

Der Markt

Keiner der befragten Akteure sieht ein signifikantes Marktwachstum. Entweder weil schlicht der Bedarf fehlt, oder weil die nachgefragte Expertise – wie etwa die wissenschaftliche Beratung – über Jahre erworben und nicht marktförmig ist. Zwar nehmen alle befragten Akteure an, dass die Akademisierung der Politikberatung insbesondere im bereich Public Affairs zu einer erhöhten Professionalisierung insgesamt führen wird. Einen „Politikberater M.A.", der frisch von der Universität in die Staatskanzlei einsteigt, kann sich aber niemand vorstellen.

Die Empfehlungen

Wie zu Großvaters Zeiten heißt die Empfehlung für den politisch interessierten Absolventen: „Lern erst einmal etwas richtiges". Erfahrungen als Assistent eines Politikers sind ebenso wichtig, wie ein Wechsel zwischen den Welten Wissenschaft, Wirtschaft und Politik. Nach wie vor jedoch gilt, dass Politikberatung die Krönung einer Karriere ist. „Die Arbeit in einer Kommission ist das Sahnehäubchen auf einer wissenschaftlichen Karriere", so Prof. Raffelhüschen.

8.1 Interviews mit ausgewählten Politikberatern

Die Autorinnen haben mit ausgewählten Politikberatern face-to-face Interviews durchführt, wobei folgender Leitfaden bzw. Leitfragen das Gespräch strukturierten:

- In welchen Feldern beraten Sie?
- Wie sind Sie Politikberater geworden?
- Was waren Ihre größten Erfolge, bzw. Ihre größte Niederlage?
- Gibt es einen typischen Karriereverlauf für einen Berater? Was kommt danach?
- Was würden Sie einem ambitionierten Nachwuchsberater empfehlen?
- Wo sehen Sie die Möglichkeiten und Grenzen von Politikberatung?
- Glauben Sie, dass die zunehmende Professionalisierung von Politikberatung zu einem Marktwachstum für diese Dienstleistung beitragen wird?

Die Autorinnen haben sich jedoch darauf geeinigt, offen und flexibel zu reagieren, wenn neue, nicht im Leitfaden enthaltende relevante Hinweise angesprochen wurden und diese dann durch Nachfragen vertieft. Die Länge des Leitfadens war so bemessen, dass alle Fragen in ca. 45 min beantwortet werden konnten.

Interviewt wurden:

Michael Spreng
Klaus-Peter Schmidt-Deguelle
Bernd Raffelhüschen

Matthias Machnig
Fritz Goergen
Wolfgang Nowak
Elisabeth Noelle
Klaus Bölling

Michael Spreng: „Man kann einen Politiker nicht neu erfinden"

Michael Spreng kann auf eine journalistische Bilderbuchkarriere zurück-
blicken: Er volontierte zunächst bei der „Frankfurter Neuen Presse", war
Redakteur bei der „Welt" und bei der „Bild"-Zeitung und von 1983 bis
1989 Chefredakteur des Kölner „Express". In gleicher Eigenschaft leitete
er die „Bild am Sonntag" von April 1989 bis Oktober 2000. 2002 wurde
Spreng offiziell zum Leiter des Wahlkampfteams von Edmund Stoiber
ernannt, seit 2004 arbeitet er als Wahlkampfberater für Jürgen Rüttgers.

1. In welchen Feldern beraten Sie?
Ich bin Kommunikations- und Medienberater. Die Beratung beschränkt es
sich nicht auf die öffentliche Positionierung eines Unternehmens oder
eines Politikers, strategische Beratung sowie Imageberatung gehören
ebenfalls dazu. Diese Bereiche lassen sich kaum voneinander trennen. Als
Leiter des Wahlkampfteams von Edmund Stoiber etwa hatte ich operative
Verantwortung, die weit über klassische Medien- und Öffentlichkeitsarbeit hinausging. Dazu gehörte u.a. das Management der Werbeagen-
turen, das Entwerfen von Kampagnen und auch das Aushandeln der Verträge im Vorfeld der Fernsehduelle zwischen Stoiber und Schröder.

2. Wie sind Sie Politikberater geworden?
Ich bin kein Politikberater, sondern ein Berater von Politikern. Das ist
etwas völlig anderes, für politisch inhaltliche Fragen bin ich nicht legiti-
miert. Was den Job bei Stoiber oder Rüttgers anbelangt: Ich bin gefragt
worden. Ich war zunächst als Berater im Hintergrund des Stoiber-

Wahlkampfes vorgesehen. Das Stoiber-Team sollte ursprünglich von einem engen Vertrauten von Roland Koch geleitet werden sollte. Der wäre dann allerdings für den gesamten CDU/CSU-Wahlkampf verantwortlich gewesen. Stoiber entschied sich dann, für die Leitung eine „neutrale Instanz" zu berufen und trug mir die Teamleitung an. Diese Aufgabe betraf dann aber nur seinen persönlichen Wahlkampf.

3. Was waren Ihre größten Erfolge, ihre größte Niederlage?
Mein größter Erfolg und meine größte Niederlage hängen eng zusammen. Stoiber hatte eine echte Chance, als Sieger aus dem Bundestagswahlkampf 2002 hervorzugehen. Alles sprach für einen Regierungswechsel – die Flutkatastrophe im Osten und die Frage der deutschen Beteiligung am militärischen Einsatz im Irak haben dies verhindert. Insofern war der das Ergebnis der Bundestagwahl zugleich auch meine größte Niederlage.

4. Gibt es einen typischen Karriereverlauf für einen Berater? Was kommt danach?
Der typische Berater kommt aus den Parteiapparaten selbst. Beratung durch Externe wie in anderen Ländern gibt es in Deutschland kaum. Das liegt einerseits an der fehlenden Fluktuation zwischen gesellschaftlichen Teilsystemen: So finden Sie kaum Journalisten in der Politik oder umgekehrt. Das ausgeprägte Misstrauen der deutschen Politiker kommt noch hinzu, bei einem Berater aus den eigenen Reihen wird da in der Regel eine größere Loyalität vorausgesetzt. Mein Beispiel fällt da aus dem Rahmen, denn ich bin nicht nur als erster Externer ohne Parteibuch mit der Leitung eines Wahlkampfteams beauftragt worden, ich habe auch in strategisch bedeutsamen Gremien wie etwa der Gruppe „40+", dem gemeinsamen CDU/CSU-Führungsorgan für den Wahlkampf, mitgearbeitet.

5. Was würden Sie einem ambitionierten Nachwuchsberater empfehlen?
Vor allem einen intensiven Praxisbezug in der Ausbildung. Erst wenn der Leistungsnachweis in einem der Politik artverwandten Bereich er-

bracht worden ist, ist man überhaupt für diese Funktion interessant. Das heißt auch, dass Beratung in der Politik nur dann vernünftigerweise erbracht werden kann, wenn man bereits vielfältige Erfahrungen gesammelt hat. Vor allem aber muss man die „menschelnde Seite" der Politik kennen und verstehen – theoretische Modelle oder hypothetische Fallbeispiele helfen da wenig. Umgang mit Niederlagen, das Schaffen von Vertrauen, Integrität und vor allem ein intuitives Verständnis davon, was die Menschen bewegt und beschäftigt sind meiner Ansicht nach nützlicher als die Fähigkeit, theoretische Modelle über die Wirklichkeit zu legen. Das ist etwas, was in den politikwissenschaftlichen Studiengängen noch zu stark im Vordergrund steht.

6. Wo sehen Sie die Möglichkeiten und Grenzen von Politikberatung?
Wenn sich die Inszenierung verselbständigt und die Authentizität verloren geht, kann Beratung von Politikern nicht mehr erfolgreich sein. Sie können keinen Politiker komplett neu erfinden, jeder kommt irgendwo her, hat eine bestimmte Geschichte und steht für etwas. Nur darauf können sie aufbauen, um Politiker erfolgreich zu unterstützen.

7. Glauben Sie, dass die zunehmende Professionalisierung von Politikberatung zu einem Marktwachstum für diese Dienstleistung beitragen wird?
Ja und nein. Es wird sicherlich zu einer Professionalisierung der Apparate beitragen, in den internen Abteilungen für Strategie oder Kommunikation wird das in den neuen Studiengängen wie etwa „Public Policy" vermittelte Know How sicherlich nützlich und gefragt sein. In der persönlichen Beratung von Politiker wird dies jedoch kaum eine Rolle spielen. Die Grundlage einer derartigen Beziehung ist ein außerordentlich hohes Maß an Vertrauen in ihre Integrität. Das können Sie nicht qua Bildungspatent nachweisen.

Klaus-Peter Schmidt-Deguelle: „Lobbying und Politikberatung sind zwei Seiten der selben Medaille"

Klaus-Peter Schmidt-Deguelle ist von Haus aus Journalist, wechselte dann in die Politik und war bis 1999 Regierungssprecher von Ministerpräsident Hans Eichel in Hessen. Nach dem Regierungswechsel 1999 wurde er Berater im Finanzministerium, später auch Medien-Berater für den ehemaligen Arbeitsminister Walter Riester. Derzeit arbeitet Klaus-Peter Schmidt-Deguelle freiberuflich für eine PR-Agentur in Berlin und als Berater im Finanzministerium.

1. In welchen Feldern beraten Sie?
Im Bereich der operativen Politik vorrangig im Finanzministerium, aber auch im Ministerium für Gesundheit und Soziales sowie im Ministerium für Wirtschaft und Arbeit. Bei der Bundesagentur für Arbeit habe ich Kommunikationsberatung geleistet. Darüber hinaus biete ich Beratungsleistungen über eine Agentur an: das kann eine Bewertung der Probleme und Widerstände bei einem Gesetzesvorhaben sein, Einschätzungen zu der Vermittelbarkeit von politischen Zielen oder auch Krisen –PR.

2. Wie sind Sie Politikberater geworden?
Eher zufällig. Als Hans Eichel Finanzminister wurde, hat er mich gefragt, ob ich nicht Lust hätte, nach Bonn und dann Berlin mitzukommen. Da meine vorangegangene Rolle als Staatssekretär in Hessen nicht in die Struktur des Bundesministeriums passte, haben wir einen freien Vertrag gemacht, der bereits in vielen anderen Fällen so übernommen wurde. Damals habe ich mich selbstverständlich nicht als Politikberater verstanden und bin von anderen auch nicht als ein solcher wahrgenommen worden. Das änderte sich 1999, als die Wirtschaftswoche und die Berliner Zeitung Portraits von über mich veröffentlichten, in denen ich als „wichtigster Berater Eichels" und „Spin Doktor" bezeichnet wurde.

3. Was waren Ihre größten Erfolge, ihre größte Niederlagen?

Mein größter Erfolg war sicherlich, einen Paradigmenwechsel in der Finanzpolitik in den Köpfen der Öffentlichkeit und der Medien zu verankern. Heute ist es selbstverständlich, den Faktor Nachhaltigkeit in der Finanzpolitik mitzudenken. Das Image von Hans Eichel als „Sparminister" war außerordentlich positiv und stand für einen vernünftigen und gerechten wirtschaftpolitischen Ansatz. Als meine größte Niederlage empfinde ich sicherlich, dass ich in der Kommunikationsberatung der Bundesagentur für Arbeit nicht darauf hinwirken konnte, eine vernünftige Debatte zwischen allen Beteiligten durchzusetzen, was bedeutet hätte, erst einmal in der „Binnenkommunikation" die Neuausrichtung der BA zu verankern und damit die „Außenkommunikation" später ganz wesentlich zu erleichtern.

4. Gibt es einen typischen Karriereverlauf für einen Berater? Was kommt danach?

Nein, der Beruf ist nach wie vor ungeschützt und undefiniert. Jeder kann sich Politikberater nennen und Dienstleistungen anbieten. Als Prototyp eines Beraters hat sich für mich in den letzten Jahren Bert Rürup durchgesetzt.

5. Was würden Sie einem ambitionierten Nachwuchsberater empfehlen?

Zu warten, bis ihn jemand fragt und sich auf gar keinen Fall in der Karriereplanung von einem Berufsbild leiten zu lassen, was es so noch gar nicht gibt. Ein fundiertes Fachwissen – etwa Jura oder Volkswirtschaft – ist in jedem Fall empfehlenswert, ergänzt durch einen Aufbaustudiengang oder eine Fortbildung im Bereich der Kommunikation. Politikwissenschaftler haben meiner Ansicht nach einen eher allgemeinen Zugang, der für die Politikberatung nicht immer ausreichend ist. Mir scheint zudem, dass die Ausbildung immer noch viel zu theoretisch ist. Es fehlt an kommunikativer Kompetenz.

6. Wo sehen Sie die Möglichkeiten und Grenzen von Politikberatung?
Die Möglichkeiten sind nicht abschließend zu definieren. Berater haben kein politisches Mandat und deshalb müssen sie darauf achten, nie Teil der Entscheidungen zu sein. Klar aber ist, dass Sie hochkomplexe Sachverhalte in den Ministerien nicht ohne externen Sachverstand lösen können. In Deutschland ist das jedoch immer noch verpönt – ganz im Gegensatz zu vielen anderen Ländern. Ich habe in der Zeit, in der ich den Finanzminister berate, vier amerikanische Finanzminister und fünf französische Finanzminister erlebt, die alle mit einem eigenen, neuen Beraterstab kamen. Die Berater kommen aus der Wirtschaft, der Wissenschaft und aus den Medien und sind selbstverständlich wieder dorthin zurückgegangen, als die Minister gingen. In Deutschland gibt es da leider wenig Durchlässigkeit.

7. Glauben Sie, dass die zunehmende Professionalisierung von Politikberatung zu einem Marktwachstum für diese Dienstleistung beitragen wird?
Auf jeden Fall. Es wäre ideal, wenn zwischen den Bildungseinrichtungen, die die Professionalisierung vorantreiben, ein Dialog entsteht. Ich sehe das Wachstum vor allem im Bereich der Kommunikation, denn alle politischen Akteure beziehen die Öffentlichkeit sehr viel stärker in die Debatten ein und da bedarf es der kommunikativen Vermittlung. Auch die Policy-Beratung kommt ohne den Kommunikationsaspekt nicht aus, denn die Ergebnisse müssen immer auch vermittelt werden. Zudem haben klassische Institutionen wie etwa die Verbände Macht verloren und die Unternehmen beginnen, ihre Interessen selbständig zu vertreten. Lobbying und Politikberatung sind zwei Seiten derselben Medaille. Die extrem gewachsene Bedeutung der Medien, als Resonanzkörper, als Teil politischer Strategie, als Hilfe oder Hürde bei der Operationalisierung, trägt zusätzlich zum Wachsen dieses Dienstleistungsbereichs bei.

Prof. Dr. Bernd Raffelhüschen: „Die Arbeit in einer Kommission ist das Sahnehäubchen auf einer wissenschaftlichen Karriere"

Prof. Dr. Bernd Raffelhüschen ist Professor für Finanzwissenschaft an der Albert-Ludwigs-Universität Freiburg und Professor an der Universität Bergen (Norwegen). Er studierte in Kiel, Berlin und Aarhus (Dänemark) Volkswirtschaftslehre und promovierte bzw. habilitierte sich in diesem Fach an der Universität Kiel. Seine Forschungsschwerpunkte liegen im Bereich der Sozialpolitik und der angewandten intergenerativen Analyse. Er ist Mitglied vieler internationaler Forschungsprojekte und publiziert unter anderem in Zeitschriften wie American Economic Review, European Economic Review, Public Choice, Finanzarchiv und Nationaløkonomisk Tidskrift. Prof. Raffelhüschen war Mitglied der Rürup-Kommission, die sich mit der Zukunft der sozialen Sicherungssysteme befasst hat.

1. In welchen Feldern beraten Sie?
Ausschließlich im Bereich der sozialen Sicherungssysteme. Konkret habe ich im Rahmen meiner Tätigkeit in der Rürup-Kommission Vorschläge für die Zukunft der Gesetzlichen Renten-, Kranken- und Pflegeversicherung mit erarbeitet. In einer im Nachgang der Rürup-Kommission im Wirtschaftsrat der CDU eingerichteten Kommission habe ich ebenfalls mitgewirkt. Vor meiner Tätigkeit in der Rürup-Kommission habe ich bereits im Ausland in Fragen der Nachhaltigkeit der sozialen Sicherungssysteme beraten.

2. Wie sind Sie Mitglied einer Expertenkommission geworden?
Ich bin schlicht gefragt worden. Grundlage der Entscheidung waren wohl meine wissenschaftlichen Arbeiten zur statistischen Messung der Nachhaltigkeit von sozialen Systemen.

3. Was waren Ihre größten Erfolge, ihre größte Niederlage?
Die Rürup Kommission hat sicher auf dem Feld der Rentenversicherung große Erfolge erzielt, weil es uns gelungen ist, den Faktor Nachhaltigkeit

in das Sicherungssystem hineinzutragen. Insgesamt sind drei viertel unserer Vorschläge umgesetzt worden – ein durchaus vorzeigbares Ergebnis. Im Gesundheitswesen fällt die Bilanz dagegen bescheidener aus, was nicht zuletzt an der Zusammensetzung der Kommission gelegen hat: Wenn eine Runde paritätisch besetzt ist, muss man sich nicht wundern, dass die Sache „Unentschieden" ausgeht.

4. Würden Sie einem ambitionierten Nachwuchswissenschaftler die Mitarbeit in einer Kommission als Karriereschritt empfehlen?
Die Mitarbeit in einer Kommission kommt immer nach dem Erlangen wissenschaftlichen Renommees und nicht davor. Als Wissenschaftler machen sie Karriere durch Publikationen in angesehenen internationalen Journalen und nicht durch die Kommissionsarbeit. Zudem kann eine allzu aktive Mitarbeit in Kommissionen dazu führen, dass Sie durch die wissenschaftliche community nicht mehr ernst genommen werden. Ich persönlich achte sehr darauf, mindestens eine wissenschaftliche Arbeit in einem für den wissenschaftlichen Diskurs wichtigen Journal zu veröffentlichen. Dennoch ist die Mitarbeit an einer Kommission eine gute und wichtige Erfahrung, das Sahnehäubchen auf dem Kaffee. Was nicht heißen soll, dass der Kaffee nicht auch ohne Sahne schmeckt.

5. Wo sehen Sie die Möglichkeiten und Grenzen von Politikberatung?
Die Grenzen werden durch die Politik gesteckt. Kommissionen oder Expertengutachten helfen dabei, schlechte Nachrichten gut zu verpacken. Mit einem Wissenschaftler als Prügelknaben können Sie auch Unangenehmes besser verkaufen. In der Regel aber werden die Botschaften nur dann übernommen, wenn sie auf die Agenda der politischen Akteure passen.

6. Glauben Sie, dass die zunehmende Professionalisierung von Politikberatung zu einem Marktwachstum für diese Dienstleistung beitragen wird?
Im Bereich der Gesundheitsökonomie etwa brauchen Sie jahrelange Erfahrung um wirklich mitreden und beraten zu können. Es handelt sich

um einen außerordentlich komplizierten Gegenstand. Insgesamt jedoch fällt auf, dass sich die Politikberatung in der Bundesrepublik neu strukturiert. Die Forschungseinrichtungen außerhalb der Exekutive verlieren das Monopol der Beratung, es werden zunehmend externe Berater und Interessenverbände in die Konsultationen einbezogen. An dem Beitrag der Verbände habe ich jedoch nach meiner Arbeit in der Rürup Kommission so meine Zweifel. Ich halte Politikberatung ohne den Beitrag der Wissenschaft nicht für zielführend: Der wissenschaftliche Beitrag ist für eine Auseinandersetzung mit hochkomplexen Fragestellungen unerlässlich. Die Gesellschaft stellt Wissenschaftler schließlich auf Jahre frei, um sich mit Fragestellungen zu beschäftigen, die für sie im weitesten Sinne von Belang sind. Wichtige Akteure für einen effizienten Beratungsprozess sind zudem die Ministerialbeamten sowie externe Berater. Was dem wissenschaftlichen Berater jedoch häufig fehlt ist die kommunikative Aufbereitung der wissenschaftlichen Empfehlungen für die Öffentlichkeit. Ein Beispiel aus der Arbeit der Rürup Kommission verdeutlicht dieses: Der in der Wissenschaft seit Jahren geläufige Begriff der „Kopfpauschale" musste durch den etwas freundlicher klingenden Terminus „Gesundheitsprämie" ersetzt werden, um dem öffentlichen Unbehagen Rechnung zu tragen. In dem Bereich des Marketing oder Labelling sehe ich noch Potenziale: Es gibt eine Reihe hochprofessioneller und beweglicher Universitätsinstitute, denen das Know How der Vermarktung der Forschungsarbeit fehlt. Hier könnten Agenturen einen wichtigen Beitrag leisten.

Matthias Machnig: „Ganz zentral ist es, in den Prozessen drin zu stecken" // „Person, Programm und Performance müssen zusammen gedacht werden"
6. Mai 2004, 14.30-16.00, Booz, Allen und Hamilton

Matthias Machnig war wissenschaftlicher Referent der SPD-Fraktion des Deutschen Bundestages, bevor ihn Franz Müntefering als Büroleiter zunächst ins nordrhein-westfälische Arbeitsministerium und danach in die SPD-Parteizentrale holte. Von 1998 bis 1999 arbeitete er als Staatssekretär im Verkehrsministerium und war von 1999 bis 2002 Bundesgeschäftsführer der SPD. Dabei organisierte er als Koordinator der Wahlkampfzentrale „Kampa" die SPD-Kampagnen zu den Bundestagswahlen 1998 und 2002. Nach Engagements in den Beratungsunternehmen BBDO und Booz, Allen, Hamilton ist er seit 2005 Staatssekretär im Bundesministerium für Umwelt, Naturschutz und Reaktorsicherheit.

1. In welchen Feldern beraten Sie?
Ich war für die SPD vor allem in der politischen Kommunikationsberatung tätig, für den Bundestagswahlkampf 1998, für den Wahlkampf in Nordrhein-Westfalen 2000 sowie für den Bundestagswahlkampf 2002. Allerdings war ich hier in einer „Doppelfunktion" tätig, nämlich als Berater und als Akteur.

Nach meinem Wechsel 2003 zu Booz, Allen und Hamilton arbeite ich im Bereich der klassischen Unternehmensberatung, d.h. im public sector, öffentliche Institutionen, Regierung, Landesregierung, Verbände.

2. Wie sind Sie Politikberater geworden?
Eigentlich nicht von Anfang an geplant, sondern durch eigenes Engagement und durch die Erfahrung. Ganz zentral ist es, in den Prozessen drin zu stecken, d.h. in meinem Fall, innerhalb der Organisation zu sein, denn nur so wird man mit den Prozessen vertraut und lernt sie verstehen. Man muss innerhalb der Organisation ein Amt bzw. einen Posten begleiten – allerdings ist eine intellekturelle Distanz zu den Abläufen unumgänglich.

3. Was waren Ihre größten Erfolge, ihre größte Niederlage?
Der größte Erfolg war zweifelsohne der Bundestagswahlkampf 1998, als Niederlage bzw. nicht ganz gelungene Kampagne habe ich den Wahlkampf 2002 empfunden. Es ist mir und meinem Team nicht ganz gelungen, die beiden unterschiedlichen Akteure, nämlich Kanzleramt und Partei miteinander zu verknüpfen. Kanzleramt und Partei haben unter-

schiedliche Denkstile und Strukturen, und es ist uns nicht ganz gelungen, diese zu verknüpfen bzw. zu synchronisieren.

4. Gibt es einen typischen Karriereverlauf für einen Berater? Was kommt danach?

Nein, das gibt es bei uns nicht. Bei uns sind die Berater von (hochrangigen) Politikern meist langjährige Freunde, zu denen ein gewachsenes Vertrauen besteht. Einen „professionalisierten" Zugang zu den Politikern gibt es nicht. Bei zahlreichen Politikern scheint ferner auch das Credo zu gelten, dass man sich „alleine durchzuboxen habe", wenn man „groß" werden will. Kurzgesagt: Die Kultur für eine politische Beratung ist kaum existent. Das ist übrigens in den angelsächsischen Ländern ganz anders: Hier sind Politiker sehr viel offener, lassen sich auch von unterschiedlichsten Personen beraten, die auch häufiger wechseln können. Hier herrscht eine andere Beratungskultur; allerdings sind auch Unterschiede auf der Angebotsseite festzumachen....

5. Was würden Sie einem ambitionierten Nachwuchsberater empfehlen?

a. Politik von innen kennenlernen. Man muss in den Organisationen und Institutionen, die man berät, gearbeitet haben, um sie beraten zu können. Der Außenblick lebt häufig von Grundannahmen, die nicht stimmen. Allerdings muss auch hier die intellektuelle Distanz bewahrt bleiben.

b. Der Versuch von interdisziplinärem Denken muss unternommen werden. Was kann ich aus der Markenwerbung lernen? Wie kann ich Methoden aus anderen Bereichen in politische Kontexte einspeisen?

c. Ferner muss die Fähigkeit entwickelt werden, auf einer strategischen Ebene zu denken.

d. Die „drei Ps", Person, Programm und Performance, müssen zusammen gedacht werden.

6. Wo sehen Sie die Möglichkeiten und Grenzen von Politikberatung?
Die Grenzen der Politikberatung liegen meiner Meinung nach in der bereits angesprochenen Kultur, sowie in den begrenzten finanziellen Möglichkeiten, die für diesen Bereich zur Verfügung stehen. Außerdem ist die „Kaste" der potentiellen Berater nicht sehr groß.

Die Möglichkeiten der Politikberatung sind gewaltig, da der objektive Bedarf an dieser vorhanden ist – man schaue sich nur die Regierungsperformance zurzeit an.

7. Glauben Sie, dass die zunehmende Professionalisierung von Politikberatung zu einem Marktwachstum für diese Dienstleistung beitragen wird?
Nein, nicht wirklich. Der PR-Bereich wird weiter wachsen, es wird ein größeres Beraterangebot für das mittlere Segment, d.h. für die mittlere Verwaltung, mittlere Ebene innerhalb der Parteiorganisationen geben, aber auf der Top-Ebene sehe ich diese Entwicklung nicht.

Dr. Fritz Goergen: „Gute Politikberater machen Bilder für die Bildermacher"

Dr. Fritz Goergen war von 1979 bis 1983 Bundesgeschäftsführer der FDP, von 1982 bis 1992 Vorsitzender der Friedrich-Naumann-Stiftung. Anschließend gründete er eine Agentur für Trend- und Marktforschung, um 1999 als Möllemanns Wahlkampfmanager in die Politik zurückzukehren. Im Bundestagswahlkampf 2002 beriet er den FDP Bundesvorsitzenden Guido Westerwelle. Fritz Goergen trat 2002 aus der FDP aus und ist seitdem als freier Kommunikationsberater tätig.

1. In welchen Feldern beraten Sie?
Ich habe im Bereich der Kommunikations- und Parteienstrategie beraten. Im Zentrum stand die Positionierung der Person oder Partei und die darauf aufbauende Kommunikationsstrategie. Und das heißt nach meinem Verständnis immer, korrespondierende Bildergeschichten zu entwi-

ckeln und zu transportieren, um in der über die Medien vermittelten politischen Öffentlichkeit präsent zu sein.

2. Wie sind Sie Politikberater geworden?
Möllemann hat mich 1999 gefragt, ob ich bereit wäre, den nordrhein-westfälischen Landtagswahlkampf 2000 für ihn zu managen. Das heißt, ich habe mich nicht um diese Position bemüht oder beworben, sie ist an mich herangetragen worden. Nach dem Erfolg in Düsseldorf bin ich von Guido Westerwelle gebeten worden, den Bundestagswahlkampf 2002 zu begleiten. Ob er mich aufgrund meiner Expertise geholt hat oder um Möllemann zu domestizieren, das sei hier dahingestellt. Insgesamt bin ich von 1999 bis 2002 als Berater, in meinem Falle als Wahlkampfmanager, tätig gewesen."

3. Was waren Ihre größten Erfolge, ihre größte Niederlage?
Mein größter Erfolg war sicherlich der Landtagswahlkampf in Nordrhein Westfalen 2000, der einen erdrutschartigen Sieg für die FDP mit sich brachte. Die FDP konnte damals den Anteil der Wählerstimmen von 4% auf 9,9% verbessern. In weniger guter Erinnerung habe ich die Ereignisse des Jahres 2002, die ja in den Medien hinreichend dokumentiert sind.

4. Gibt es einen typischen Karriereverlauf für einen Berater? Was kommt danach?
Typisch ist die Aufnahme einer Beratertätigkeit – nach wie vor – im Anschluss einer Funktionärskarriere in einer Partei. Das sind in der Regel Leute, die ihre Karrieren schon während des Studiums oder der Ausbildung durch systematische Postenbesetzung und Beziehungsmanagement betrieben haben. Das hat natürlich zwangsläufig zur Folge, dass nicht die Besten für diese wichtige Aufgabe ausgewählt werden, sondern diejenigen, die dem größtmöglichen Teil der Parteifunktionäre am genehmsten sind. Die Beratertätigkeit ist keine Karriere- oder Qualifizierungsstufe, sondern wird zu Ende der Funktionärstätigkeit aufgenommen. Danach

kommt in der Regel nichts mehr. Anders als in den USA oder Großbritannien werden höchst selten unabhängige Berater eingekauft, an denen nicht der Stallgeruch der eigenen Partei haftet. Durchbrechen ließe sich das nur, wenn ein hochrangiger Politiker sich trauen würde, externe Expertise einzukaufen. Und damit Erfolg hätte....

5. Was würden Sie einem ambitionierten Nachwuchsberater empfehlen?
Erst mal etwas Richtiges zu lernen. Bevor man in die Politik geht – und zwar unabhängig in welcher Rolle – sollte man auf jeden Fall zunächst eine Tätigkeit in der Wirtschaft aufnehmen. Idealerweise sollte man hier mindestens zwei unterschiedliche Posten durchlaufen, bevor man direkt oder indirekt vom Staat lebt. Das ist allerdings aufgrund der bereits geschilderten Rekrutierungskanäle und -formen eher Zukunftsmusik.

6. Wo sehen Sie die Möglichkeiten und Grenzen von Politikberatung?
Ein guter Berater hilft, den Auftritt zu optimieren, an der inhaltlichen Positionierung zu feilen und die Rhetorik zu verbessern. Das Wichtigste für einen Politiker ist heute, in den Medien präsent zu sein, positiv natürlich. Er muss vor allem als positiv besetztes Bild präsent sein, Inhalte sind eher nachrangig. Deshalb muss ein guter Berater gute Bilder für die Bildermacher bereitstellen, die so gut sind, das die Medien sie auf jeden Fall nehmen, um der Konkurrenz zuvorzukommen. Denn auch die Medien sind in ihrer eigenen Logik gefangen. Insgesamt halte ich Politiker aber für beratungsresistent. Sie lassen sich nur solange programmatisch und strategisch beraten, bis sie an der Macht sind.

7. Glauben Sie, dass die zunehmende Professionalisierung von Politikberatung zu einem Marktwachstum für diese Dienstleistung beitragen wird?
Ja, aber bei weitem nicht so schnell und nicht in dem Ausmaß, wie viele vermuten. Es wird nach wie vor gelten, dass ohne Parteikarriere nicht viel läuft. Die neuen Ausbildungsgänge und Studienabschlüsse werden von daher vor allem Parteinachwuchs ausbilden und zu deren Professionalisierung beitragen.

Wolfgang Nowak: „Derzeit werden in Deutschland vor allem Denkverbote reproduziert"

Wolfgang Nowak war bis Oktober 2002 Leiter der Grundsatzabteilung im Bundeskanzleramt und war als Staatssekretär für Kultus Mitglied der ersten Regierung von Prof. Biedenkopf im Freistaat Sachsen. Zuvor war Nowak unter anderem in der Deutschen Forschungsgemeinschaft, in Bundes- und Landesministerien sowie dem französischen Centre National de la Recherche Scientifique und der Unesco tätig. Wolfgang Nowak ist von Haus aus Jurist.

1. In Ihrer Rolle als Leiter der Grundsatzabteilung im Bundeskanzleramt fiel Politikberatung im weitesten Sinne in ihr Aufgabengebiet. Wie gestaltete sich das zu Ihrer Zeit?

Meinen Mitarbeitern und mir ging es vor allem um die Begegnung von einem Politiker in einem Spitzenamt mit „ungefilterter" Öffentlichkeit, von der er durch die Belastung seines Amtes sowie seiner Partei und Fraktion häufig ausgesperrt ist. Es ist dabei nicht notwendig, politische Expertise, die meist teuer, parteiisch oder gefällig ist, einzukaufen, sondern das in der Öffentlichkeit vorhandene Wissen zu ordnen, zu analysieren und dann für politisches Handeln zu nutzen.

Es war uns wichtig, dass entstehende gesellschaftliche Trends aber auch internationale politische Diskussionen in der Regierungszentrale frühzeitig wahrgenommen wurden. Ein Spitzenpolitiker ist immer in Gefahr, sich von der Gesellschaft zu entfremden; dies umso mehr, je wohler er sich in den Gremien seiner eigenen Partei fühlt.

Wir haben für unsere Beratung verschiedene Vorgehensweisen gewählt. Wir haben z.B. „Symbolproduzenten", wie Künstler, Werbefachleute, Filmemacher, Dichter und junge Journalisten ins Kanzleramt eingeladen, damit der Bundeskanzler von Ihnen etwas anderes über die Zeit, in der er lebt, erfährt, als das, was ihm in kurzen Briefings, Presseclips und Fernsehnachrichten täglich angeboten wird. Der Kanzler konnte aber auch aus diesen Gesprächen etwas über die Wahrnehmung der Regierungspolitik in einer „Szene" erfahren, die gesellschaftliche Trends häufiger als andere aufspürt.

Dies zwei- bis dreistündigen Gespräche verschafften einem Kanzler, der unter einem ungeheuerlichen Termindruck steht, Zeit zum Zuhören, zum Fragen und zum lauten Nachdenken unter Ausschluss der Öffentlichkeit. In diesen Runden konnte es sich ein Kanzler leisten, seine Ansichten zu korrigieren, ohne dadurch ein lästiges Schlagzeilengewitter auszulösen.

Darüber hinaus haben wir Konferenzen, runde Tische und verschiedene Diskussionsforen organisiert, in denen es unter anderem um die deutsche und europäische Identität, Zukunft der Zivilgesellschaft, die Vernetzung einer europäischen Reformpolitik, eben um modernes Regieren im 21. Jahrhundert geht. Neben Staats- und Regierungschefs haben wir internationale Experten, Wissenschaftler und Regierungsberater eingeladen. In diesen zum Teil öffentlichen Veranstaltungen ging es um den langfristigen Aufbau von Policy-Netzwerken, um eine gemeinsame Beratung von Regierungschefs zu ermöglichen, die es mit vergleichbaren Problemen zu tun hatten. Ausgangs- und erster Höhepunkt war die von meiner Abteilung organisierte Regierungskonferenz „Modernes Regieren im 21. Jahrhundert" im Frühsommer des Jahres 2000, an der 15 Staats- und Regierungschefs sowie Wissenschaftler und Regierungsberater aus den jeweiligen Ländern teilgenommen haben. Folgekonferenzen fanden in Lissabon, Stockholm, London statt, im Herbst dieses Jahres werden sich Regierungschefs und Berater in Budapest treffen.

Im nichtöffentlichen Teil dieser Konferenzen wurde und wird den Regierungschefs außerhalb einer Tagesordnung und vorher abgestimmter Diskussionspapiere Zeit zum gemeinsamen Nachdenken gegeben. Die Beratungen, an denen ich teilgenommen habe, zeichneten sich durch ein hohes Niveau aus.

Eine ganz andere Politikberatung findet durch gut ausgebildete Beamte statt. Sie bringen oft eine Fachkompetenz ein, die leider ungenutzt bleibt, wenn aus Entscheidungsschwäche sich einzelne Minister mit Kommissionen und wissenschaftlichen Beratern umgeben. Ein Teil der von vielen Seiten kritisierten Öffentlichkeitsarbeit der Bundesregierung ist darauf zurückzuführen, dass sich in wichtigen Kernfragen wissenschaftliche Regierungsberater mit unterschiedlichen Ansichten fast täglich einander Profilierungsdebatten liefern. Sie lösen Schlagzeilen, Verwirrung, Widersprüche aus. Ratlose Bürger sehen sich durch dieses Beratungswirrwarr mit ratsuchenden Politikern konfrontiert.

Das Expertenwissen in den Ministerien droht abzunehmen, da immer mehr leitende Positionen ausschließlich nach dem Parteibuch besetzt werden. Wer sich politisch korrekt nach oben geduckt hat, hat frühzeitig gelernt, dass die Reproduktion parteiamtlicher Denkverbote der sicherste Weg an die Spitze ist. Innovatives, kreatives und zukunftsorientiertes Denken stört da nur. Jüngere Mitarbeiter werden oft von diesen Gewinnern politisch korrekter Ochsentouren abgestoßen; sie wehren sich durch Indiskretionen, die sie an die Presse geben.

Diesen, sich beschleunigenden Kreislauf zu stoppen, wäre eine Kernaufgabe eines gut geführten Ministeriums.

2. Welche Rolle haben die unabhängigen Stiftungen in der Politikberatung?
Sie spielen eine immer größere Rolle. Die Parteistiftungen haben es dagegen schwer mit ihrer intellektuellen Unabhängigkeit, und kaum noch geraten wichtige Impulse von Ihnen in die Öffentlichkeit. Sie zeichnen sich durch eine selbstbewusste vorgetragene Übernächstenpolitik aus. Je weiter sie weg von Deutschland arbeiten, desto kreativer anregender und zukunftsorientierter arbeiten sie. Aber auch diese Arbeit wird zunehmend dadurch gefährdet, weil manche Parteien dazu neigen, gescheiterte Politiker auf Auslandsposten ihrer Stiftungen zu entsorgen, wo sie dann noch einige Jahre einen sorgenfreien Auslandsruhestand genießen können.

Innenpolitisch bildet der parteipolitische Tellerrand dagegen eine fast unüberwindliche Mauer. Dennoch: Es gibt Hoffnungsschimmer. Ich habe erlebt, wie die Heinrich-Böll-Stiftung, die Konrad-Adenauer-Stiftung und auch die Hanns-Seidel-Stiftung aufeinander zugingen und nicht nur mit nationalen und internationalen Stiftungen die Zusammenarbeit suchen, sondern auch den Andersdenkenden, oft den politischen

Gegner der sie tragenden politischen Partei einladen, um sich mit ihm außerhalb der routinierten Polemik einer Parlamentsdebatte auseinanderzusetzen, ihm zuzuhören und von ihm zu lernen.

Dies stimmt mich dann doch versöhnlich optimistisch.

Prof. Dr. Elisabeth Noelle: „Ich habe für meine Beratung nie Geld genommen"

Geboren 1916 in Berlin, Studium an Universitäten in Deutschland und in den USA. 1940 Promotion in Berlin mit dem Thema „Meinungs- und Massenforschung in den USA". Danach Redakteurin in sechs verschiedenen Redaktionen, Anfang 1947 gründete sie das Institut für Demoskopie Allensbach, das sie seither leitet, seit 1988 zusammen mit Dr. Renate Köcher. 1961 bis 1964 lehrte sie Publizistik an der Freien Universität Berlin, ab 1965 an der Universität Mainz als erste Inhaberin des Lehrstuhls. Neben dem Aufbau des Instituts für Publizistik war sie 1978 bis 1991 Gastprofessorin der Universität von Chicago, 1993/94 der Universität München. 1978 bis 1980 war sie Präsidentin der World Association for Public Opinion Research. Ihr bekanntestes Buch, „Die Schweigespirale", ist 1980 erschienen.

In welchen Feldern beraten Sie bzw. haben Sie beraten?
Schon mit Adenauer habe ich die aktuellen Fragen und Themen der Politik diskutiert, vor allem ging es mir darum, die Tragweite der Demoskopie als laufende Politikorientierung zu vermitteln. Neben aktuellen Themen wurde ich häufig zum Thema „junge Generation" um Rat gefragt.

1. Wie sind sie Politikberaterin geworden?
Ach wissen Sie, das ist eine lange Geschichte. Grundlage für die Beratung vor allem Helmut Kohls war eine lange Freundschaft. Ich habe Helmut Kohl Anfang der 70er Jahre im Rahmen meiner Berufungsverhandlungen an der Universität Mainz kennengelernt. Das Verfahren stockte und Kohl

hat damals maßgeblich darauf Einfluss genommen, dass ich diesen Lehrstuhl erhielt. Insofern hat zunächst Kohl etwas für mich getan. Aus unserem ersten Treffen wurde ein mehr als 8-stündiges Gespräch, das die Grundlage unserer Beziehung legt. Kohl fragte mich sehr häufig um Rat – als ich ihn das letzte Mal in Berlin in seinem Büro besuchte, begrüßte er mich mit den Worten: „Sie kommen, um mir vorzuschlagen, dass Bernhard Vogel Bundespräsident werden soll." Kohl hatte natürlich recht. Ich habe für meine Beratung nie Geld genommen, weder von Kohl noch von anderen öffentlichen Personen, die mich um Rat gefragt haben.

2. Was waren Ihre größten Erfolge sowie Ihre größten Niederlagen?
Ich habe so viel Glück gehabt in meinem Leben, dass ich mich an keine Niederlage erinnern kann. Als meinen größten Erfolg würde die Etablierung und Weiterentwicklung des Faches Publizistik in der Bundesrepublik sehen.

3. Was würden sei einem Nachwuchsberater empfehlen?
Ich würde ihm oder ihr auf jeden Fall sagen, geh ins Ausland, schau dir an, wie es andere machen, wie es in anderen politischen Systemen zugeht. Das ist eine ganz zentrale Erfahrung. Ferner sollten sie sich möglichst viel Einblicke in die Praxis verschaffen, z.B. als Referent/in oder Assistent/in eines Abgeordneten arbeiten.

4. Worin sehen sie neue Möglichkeiten der Politikberatung, wo sind ihre Grenzen?
Begrenzt wird die Nachfrage nach Politikberatung sicherlich durch die professionellere Ausbildung der Politiker, die vermehrt ja auch Politikwissenschaft studieren.

Auf der anderen Seite schaffen gerade die neuen Studiengänge und -möglichkeiten auch eine Systematisierung politischer Probleme, sodass nicht mehr nur „aus dem Bauch heraus" beraten wird, sondern wirkliche Expertise und Sachverstand von Beraterseite angeboten wird.

Klaus Bölling: „In der Politik gibt es nie die ideale Lösung"

Klaus Bölling war von 1974 bis 1981 Chef des Bundespresseamtes. Im Februar 1981 löste er den damaligen Ständigen Vertreter der Bundesrepublik Deutschland in der DDR, Günter Gaus, ab. Bereits im Mai 1982 holte Helmut Schmidt ihn als Sprecher der Regierung zurück. Für nur wenige Monate kehrte er wieder in das Amt des Regierungssprechers zurück. Mit dem konstruktiven Misstrauensvotum gegen Kanzler Schmidt, das Helmut Kohl mit Hilfe der Liberalen für sich entscheiden konnte, endete die sozial-liberale Koalition am 1. Oktober 1982. Vor seiner politischen Karriere konnte Klaus Bölling schon auf zahlreiche publizistische Meilensteine in seinem Berufsleben blicken. Von 1947 bis 1953 arbeitete Bölling als Redakteur der Berliner Tageszeitung „Der Tagesspiegel". Weitere Stationen seiner Laufbahn: 1953-54 Redakteur und Kommentator bei RIAS Berlin; 1954-56 Außenpolitischer Redakteur und zeitweilig kommissarischer Chefredakteur beim Sender Freies Berlin; 1956-58 Korrespondent des ARD Hörfunks für Südosteuropa in Belgrad, zugleich Mitarbeiter der „Süddeutschen Zeitung", Muenchen; 1959-61 Leitender Redakteur und Kommentator mit Fernsehbeschaeftigung beim WDR, Koeln; 1962-69 NDR, Hamburg, erst stellv. Hauptabteilungsleiter Politik, ab 1966 Chefredakteur des NDR-Hörfunks und Moderator der Sendung „Weltspiegel"; 1969-73 Leiter des ARD-Studios Washington und Chefkorrespondent des Deutschen Fernsehens in den USA. Darauf folgten Stationen als Moderator des „Weltspiegel" und USA-Korrespondent der ARD. 1963 führte er im „Weltspiegel" das erste transatlantische Satellitengespräch mit dem Korrespondenten Thilo Koch – im Jahre 1963 eine Sensation.

1. Hat sich der Einfluss der Medien auf die Politik in den letzten Jahrzehnten verstärkt?
Einfluss haben nicht die Medien insgesamt, sondern der Boulevard und das Fernsehen. Wenn ein renommierter Journalist der Süddeutschen Zeitung zu einer aktuellen politischen Debatte Stellung nimmt, dann hat

es bei weitem nicht die Breitenwirkung wie etwa die Berichterstattung der Bild Zeitung zu „Florida-Rolf". Insgesamt jedoch wird der Einfluss der Medien auf politische Entscheidungsprozesse übertrieben – und das war schon immer so. Früher waren die Probleme jedoch einfacher und da kann Beratung durch erfahrene und international ausgerichtete Journalisten durchaus hilfreich sein. Helmut Schmidt etwa hat sich von dem Zeit-Journalisten Theo Sommer beraten lassen.

2. Stellen Sie eine Zunahme und qualitative Veränderung von interner und externer Beratung fest?
Schon zu meiner Zeit gab es in jedem Ministerium interne Planungsstäbe. Im Bundeskanzleramt war es die berühmte „Abteilung 5", als deren größter Erfolg der Vorschlag eines „fernsehfreien Sonntags" gelten kann. Ich halte diese strategischen Abteilungen für nichts weiter als demokratische Zierart, die sich in Politik materialisierenden Überlegungen werden in anderen Foren angestellt. Während der Regierungszeit von Kanzler Schmidt etwa fanden diese Gespräche zwischen dem Kanzler, den Fraktionsvorsitzenden der SPD und des Koalitionspartners statt. Und auch von den Kanzlern Kohl und Schröder weiß man, dass sie über regelmäßig tagende Zirkel verfügen, in den die wichtigsten politischen Fragen erörtert werden. Beratungshäuser haben damals überhaupt keine Rolle gespielt. Insgesamt halte ich dieses Phänomen auch eher für ein Indiz für die Schwäche der politischen Elite. Es wäre beispielsweise undenkbar gewesen, während der Entführung des Arbeitgeberpräsidenten Hanns Martin Schleyer und der Lufthansa Maschine „Landshut" auf ein externes Beratungshaus zurückzugreifen. Natürlich haben wir damals auch Rat gebraucht und eingeholt: wir benötigten die Einschätzung von Psychologen zu den Profilen der Terroristen, um uns auf deren Handlungen einstellen zu können.

3. Können Beratungshäuser einen positiven Beitrag zur Politikformulierung leisten?

In der Politik gibt es nie die ideale Lösung. Entscheidungen müssen immer die Gegensätze der Interessen mit einbeziehen. Vor allem aber bewegt sich die Demokratie in einer anderen Geschwindigkeit als in dem Modell eines Beraters, nämlich im Schneckentempo. Die politische Elite sollte zudem für die entscheidenden Fragen selbst die Verantwortung übernehmen.

4. Kann man Politikberatung an einer Universität lernen?

Wissenschaftlich geprägte Politikberater verstehen die Komplexität der parteiinternen Entscheidungsprozesse nicht. Oftmals begegnen sie den politischen Tagesfragen auch mit einer gewissen akademischen Arroganz, die nicht hilfreich ist. Auch schlägt sich deren Beitrag kaum in der Politikformulierung nieder. Die gegenwärtig diskutierte „Kommunikationsberatung" halte ich für ein Zeitgeistmodell. Hier wird viel Schaum geschlagen. In meiner Begegnung mit Studenten der Fachrichtungen Kommunikation, Politik oder Public Policy habe ich immer eine verblüffende Realitätsferne feststellen können. Nach wie vor herrscht in diesen Disziplinen das Elfenbeinturmdenken vor.

8.2 Schluss

Der Begriff der Politikberatung wird in Medien und Öffentlichkeit häufig genannt, wenn es um an der Grenze der Legalität stattfindende Zusammenarbeit zwischen Politik und Beratern geht. Das Image ist schlecht, der Begriff unscharf, die Urteile vernichtend: „Die Beraterrepublik" titelte unlängst die ehrwürdige Zeit, „Die heimliche Macht" der Stern und riefen damit unweigerlich Bilder von Männern mit schwarzen Koffern sowie abgeschirmte Kaminzimmer vor das geistige Auge des Lesers. Politikberater seien „eine scheue Gattung", die meist nur im Verborgenen arbeiten, so das ZDF und der Bonner General-Anzeiger berichtet von dem „diskreten Charme der Machtflüsterer". Interessanterweise ist erst mit der Kommerzialisierung des Beratungsangebots auch ein radikaler Wandel von Image und Wahrnehmung der Berater in der Öffentlichkeit eingetreten.

Bis weit in die neunziger Jahre, so zeigt der Blick in die überregionalen Medien in den Jahren zwischen 1998 bis 2007, wurde in den Medien mit einer äußerst positiven Konnotation über den wissenschaftlichen Politikberater gesprochen. Insgesamt lässt sich nicht von einer abflachenden Themenkarriere sprechen, wie Abbildung 8 zeigt. Politikberatung, das wird deutlich, ist ein fester Bestandteil der öffentlichen Diskussion und der politischen Landschaft in Deutschland.

Abbildung 8: „Politikberatung" in den überregionalen Medien

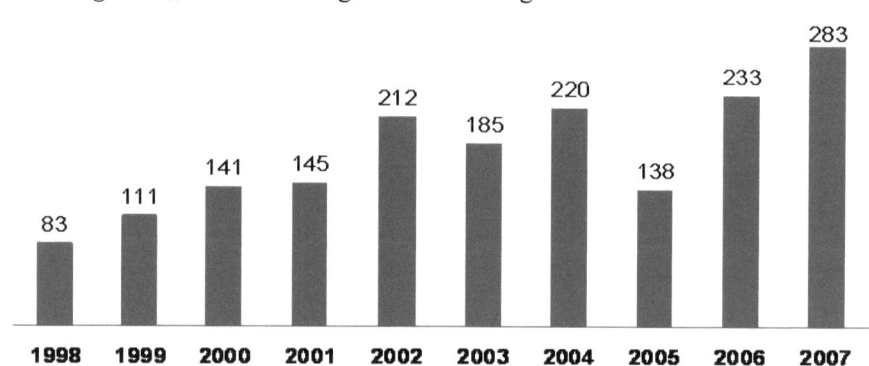

Heute sind es drei Themenbereiche, die in der öffentlichen Debatte diskutiert werden:

1. Der kommerzielle Markt für Politikberatung, oftmals in Zusammenhang mit dem Thema Lobbyismus
2. Expertenberatung, entweder als wissenschaftliche Politikberatung oder durch dafür eingerichtete Foren, etwa den Sachverständigenrat der Deutschen Wirtschaft

3. Bürgerberatung, als eine direkt-demokratische Form der Beratung, die auf den Sachverstand der Bürger baut

Insgesamt steigt die Akzeptanz der Beratung in dem untersuchten Zeitraum, mehr und mehr wird zwischen Politikberatung und Lobbyismus getrennt. Die in das politische System der Bundesrepublik integrierte Form der Beratung durch Expertenkommissionen, Sachverständigenräte und Gutachten durch Universitäten oder Beratungshäuser wird – mit verhaltener Skepsis als wichtig für eine politische Entscheidungsfindung angesehen. Zwar standen Berufungsverfahren für die unterschiedlichen Gremien zur Kritik sowie das unzureichende Gehör wissenschaftlicher Expertise in Politikerohren und die Profession der Wirtschaftsprofessoren konstatierte ihre Bringschuld. Der aus Amerika importiere Begriff des „Spin-Doctors" ab 1998 in der deutschen Presse verwendet, allerdings in Referenz auf Persönlichkeiten im Ausland. Einzig Bodo Hombach errang bereits 1998 den kaum schmeichelnden Titel, der sich am besten mit „Strippenzieher" übersetzten lässt. Im Jahr 2000 wurde mit dem Umzug der Regierung in Berlin eine neue Profession sichtbar: Der Lobbyist, der in der Hauptstadt die Interessen des eigene Unternehmen repräsentiert. Häufig von Haus aus Jurist, sucht dieser neue Managertyp die Interessen seines Unternehmens und seiner Industriegruppe in Gesetzesvorlagen einfließen zu lassen. Ihrem Selbstverständnis nach helfen sie bei der Vorbereitung von Entscheidungen und verstehen ihre Tätigkeit eher als „Politikberatung denn Politikbeeinflussung", so der ehemalige E.ON Lobbyist und heutiger E.ON Hanse Vorstand Guido Knott im Jahr 2000.

Immer häufiger verwenden Unternehmensvertreter eher den Begriff der Politikberatung, um mit dem ruchbaren Begriff des Lobbying auch den Ideologieverdacht loszuwerden. „Es ist eine legitime Teilnahme eines Unternehmens, am gesellschaftlichen Diskurs im Sinne eines Corporate Citizens teilzunehmen" , so Reinhold Kopp, ehemaliger Generalbevollmächtigter und Leiter der Regierungsbeziehungen der Volkswagen AG.

Negative Ausschläge in der öffentlichen Meinung sind mit politi-schen Skandalen verbunden, etwa von mit der Affäre um den Frankfur-ter PR Berater und Beziehungsmakler Hunzinger verbunden. Beispiels-weise musste Rudolf Scharping wegen unveröffentlichten finanziellen Zuwendungen für schwer nachvollziehbare Gegenleistungen durch den PR Mann seinen Sessel räumen. Das Thema wurde durch die Opposition im Bundestag aufgegriffen und auf die Beratungsaktivitäten im öffentli-chen Sektor übertragen: Berger, McKinsey und WMP, denen angeblich ohne Beachtung der rechtlichen Ausschreibungsregeln öffentliche Auf-träge zukamen, galten nunmehr auch as Politikberater und somit in der öffentlichen Kritik. Das Engagement Roland Bergers in der Hartz Kom-mission und das folgende Projekt seines Hauses haben sich den Vorwurf der Vermischung von Expertenrat und Geschäftsinteresse eingehandelt. Folglich war auch der Höhepunkt der Medienrezeption im Jahre 2004 und flachte im Jahr 2005 wieder ab. Die Skandal – Karriere des Themas ist vorbei, Sachlichkeit in der Behandlung des Themas kehrte wieder ein. Nur 15 der 138 Artikel in 2005, die sich in der überregionalen Presse dem Thema widmeten, setzten sich mit dem „Neuen Markt" der Politikbera-tung auseinander, alle anderen diskutierten Themen rund um die öko-nomische Politikberatung. Seit 2006 und 2007 sehen wir einen starken Anstieg mit einem Fokus auf Experten – und Bürgerberatung. Der Trend, das Politikberatung von Lobbyismus getrennt behandelt werden, setzt sich in den ersten neun Monaten von 2008 fort. Die Trennschärfe der öffentlichen Diskussion macht deutlich, dass keineswegs die „Spin-Doktoren" auf dem Vormarsch sind.

Ist Politikberatung also ein Wachstumsmarkt? Spüren wir eine nachhaltige Veränderung seit dem Beginn der Berliner Republik? Die Auswertungen verschiedenster Quellen haben deutlich gemacht, dass Politikberatung ein Faktor im politischen System ist, den man unter kei-nen Umständen unterschätzen darf. Seine Einflusskanäle sind oft infor-mell, es gibt keine formalisierten Ausbildungen mit dem Berufsziel „Poli-tikberater". Und gerade weil das Phänomen nicht gut zu fassen ist, ist es im politischen System stets präsent. Sämtliche befragten Expertinnen und

Experten waren stimmen überein, das Beratung in der Politik zentral ist und bleiben wird. Der Markt selbst wird sich vermutlich in den kommenden Jahren weiter verändern und es bleibt abzuwarten, wie er sich nach der Konsolidierung darstellen wird. Für den Moment jedoch ist klar, dass an der Schnittstelle von Politik, Wirtschaft und Wissenschaft etwas entstanden ist, das nicht nur der Politik selbst, sondern auch ambitionierten Beratern große Möglichkeiten eröffnet.

Literaturverzeichnis

Albrecht, Harro, 2002: „Das ist der Tod der wissenschaftlichen Beratung". In: Die Zeit, 37/2002.

Albrecht, Harro/Sentker, Andreas, 2001: Im Zweifel ohne Bundestag. In: Die Zeit, 48/2001.

Bender, Gunnar, 2004: Der Lobbyist – Strategischer Politmanager oder planloser Strippenzieher?, in: *Dagger, Steffen* et al. (Hg.), Politikberatung in Deutschland, Praxis und Perspektiven. Wiesbaden, 76-89.

Bender, Gunnar/Reulecke, Lutz, 2003: Handbuch des deutschen Lobbyisten. Frankfurt/Main.

Blöcker, Antje (Hg.), 1997: Die Reformfähigkeit von Staat und Gesellschaft. Festschrift für Klaus Lompe zum 60. Geburtstag. Frankfurt am Main u. a.

Böhret, Carl, 1995: Vom Hofnarren zum Politik-Coach. Zum Wiederaufstieg der persönlichen Bartung des Politikers. In: *Böhret Carl* und *Nowack, Matthias* (Hg.), Gesellschaftlich denken – kommunal handeln. Mainz, S. 203-221.

Böhret, Carl, 1997: Reformen im Staat mittels Politikberatung? In: *Blöcker, Antje, Heyder, Ulrich und Mangels-Voegt, Birgit* (Hg.), Die Reformfähigkeit von Staat und Gesellschaft. Frankfurt, S. 81-96.

Bruder, Wolfgang, 1980: Sozialwissenschaften und Politikberatung. Zur Nutzung sozialwissenschaftlicher Informationen in der Ministerialorganisation. Opladen.

Cassel, Susanne, 2001: Politikberatung und Politikerberatung. Eine institutionenökonomische Analyse der wissenschaftlichen Beratung der Wirtschaftspolitik. Bern u.a.

Dagger, Steffen, et al. (Hg.), 2004: Politikberatung in Deutschland. Praxis und Perspektiven. Wiesbaden.

Deutscher Bundestag, 2004: BT-Drucksache 15/2672.

Dietze, Anja, i.E.: Coaching im Wahlkampf. In: Zeitschrift für Politikberatung 1 (3/4).

Esser, Frank/Pfetsch, Barbara (Hg.), 2003: Politische Kommunikation im internationalen Vergleich. Grundlagen, Anwendungen, Perspektiven. Wiesbaden.

Falk, Svenja/Rehfeld, Dieter/Römmele, Andrea/Thunert, Martin (Hg.) (2006): Handbuch Politikberatung. Wiesbaden: Verlag für Sozialwissenschaften.

Fisch, Stefan, 2004: Experten und Politik: wissenschaftliche Politikberatung in geschichtlicher Perspektive. Berlin.

Grefe, Christiane, 2002: „Ich bin stolz, kein Lobbyist zu sein". In: Die Zeit, 36/2002.

Grunenberg, Nina, 2001: Die Mächtigen schlau machen. In: Die Zeit, 28/2001.

Heinrichs, Harald, 2002: Politikberatung in der Wissensgesellschaft. Eine Analyse umweltpolitischer Beratungssysteme. Wiesbaden.

Jens, Uwe (Hg.), 2002: Der Einfluss der Wissenschaft auf die Politik. Marburg.

Karp, Markus/Zolleis, Udo (Hg.), 2004: Politisches Marketing. Eine Einführung in das politische Marketing mit aktuellen Bezügen aus Wissenschaft und Praxis. Münster.

Krevert, Peter, 1993: Funktionswandel der wissenschaftlichen Politikberatung in der Bundesrepublik Deutschland. Entwicklungslinien, Probleme und Perspektiven im Kooperationsfeld von Politik, Wissenschaft und Öffentlichkeit. Münster.

Kreyher, Volker J. , 2004: Handbuch Politisches Marketing. Impulse und Strategien für Politik, Wirtschaft und Gesellschaft. Baden-Baden.

Krüger, Jürgen, 1975: Wissenschaftliche Beratung und sozialpolitische Praxis. Die Relevanz wissenschaftlicher Politikberatung für die Reformversuche um die gesetzliche Krankenversicherung. Stuttgart.

Kümmel, Gerhard (Hg.), 2002: Wissenschaft, Politik und Politikberatung. Erkundungen zu einem schwierigen Verhältnis. Strausberg.

Lau, Jörg, 2003: Der Ein-Mann-Think-Tank. In: Die Zeit, 45/2003.

Leif, Thomas/Speth, Rudolf, 2003: Die stille Macht. Lobbyismus in Deutschland. Wiesbaden.

Lompe, Klaus, 1977: Politikberatung. In: Sontheimer, Kurt und Röhring, Hans. H. (Hg.), Handbuch des politischen Systems der Bundesrepublik. München, S. 493-502.

Mai, Manfred, i.E.: Wissenschaft, Politik und Beratung – Zur Soziologie der wissenschaftlichen Politikberatung. In: Zeitschrift für Politikberatung 1 (3/4).

Mierzejewski, Alfred C., 2005: Ludwig Erhard. Berlin.

Müller, Peter, 2002: Häppchen für die Macht. In: Die Zeit, 38/2002.

Murswieck, Axel (Hg.), 1994: Regieren und Politikberatung. Opladen.

Niclauß, Karlheinz, [2]2004: Kanzlerdemokratie. Paderborn.

Niejahr, Elisabeth, 2002: Der Arzt als Politikum. In: Die Zeit, 35/2002.

Pinzler, Petra, 2001: Die Macht lässt denken. In: Die Zeit, 29/2001.

Popper, Karl, [11]2005: Die Logik der Forschung. Tübingen.

Radunski, Peter/Wallrabenstein, Axel, 2004: Die Zukunft des Political Consultings. Politische Berater in Deutschland, in: *Forum.Medien.Politik.* (Hg.), Trends der politischen Kommunikation. Beiträge aus Theorie und Praxis. Münster u.a., 118-125.

Rauchhaupt, Ulf von, 2001: Aufbruch oder Untergang. In: Die Zeit, 9/2001.

Rauner, Max, 2003: Zwischen Bock und Herde. In: Die Zeit, 47/2003.

Römmele, Andrea, ²2005: Direkte Kommunikation zwischen Parteien und Wählern. Professionalisierte Wahlkampftechnologien in den USA und der BRD. Wiesbaden.

Rudloff, Wilfried, 2004: Wissenschaftliche Politikberatung in der Bundesrepublik – historische Perspektive, in: *Dagger, Steffen* et al. (Hg.), Politikberatung in Deutschland, Praxis und Perspektiven. Wiesbaden, 178-199.

Siefken, Sven T., 2006: Expertenkommissionen in der Bundesregierung, in: *Falk, Svenja/Rehfeld, Dieter/Römmele, Andrea/Thunert, Martin* (Hg.), Handbuch Politikberatung. Wiesbaden, 215-227.

Schmid, Klaus-Peter, 2002: Kauen an der Konjunktur. In: Die Zeit, 39/2002.

Schnabel, Ulrich und *Sentker, Andreas*, 2001: „Das Unwissen zugeben". In: Die Zeit, 9/2001.

Schuh, Hans, 2002: Im Supermarkt der Gutachten. In: Die Zeit, 39/2002.

Schuh, Hans, 2002: Wer hat da am Rat gedreht? In: Die Zeit, 35/2002.

Thunert, Martin, 2008: Think Tanks in Germany: Their Resources, Strategies and Potential, in: Zeitschrift für Politikberatung 1 (1), 32-52.

Weingart, Peter, 2006: Erst denken, dann handeln? Wissenschaftliche Politikberatung aus Sicht der Wissens(chafts)soziologie, in: *Falk, Svenja/Rehfeld, Dieter/Römmele, Andrea/Thunert, Martin* (Hg.), Handbuch Politikberatung. Wiesbaden, 35-44.

Welzel, Carolin, 2006: Politikberatung durch Stiftungen, in: *Falk, Svenja/Rehfeld, Dieter/Römmele, Andrea/Thunert, Martin* (Hg.), Handbuch Politikberatung. Wiesbaden, 275-289.

Willmann, Urs, 2002: Profitcenter Regenwald. In: Die Zeit, 43/2002.

Wulffen, Katrin von, 1996: Politikberatung in der Demokratie. Zur Anwendung institutionenökonomischer Konzepte auf die Gesellschafts- und Unternehmenspolitik. Berlin.

Anhang

Der Fragebogen zur Erhebung der Daten in der ad hoc Gruppe Politikberatung in der DVPW, Datum: 10.03.04

Einführung

In dieser durch die ad hoc Gruppe „Politikberatung" der DVPW durchgeführten Studie zu „Politikberatung in Deutschland" steht ein Überblick über Institutionen, Akteure und ihrer jeweiligen Schwerpunkte im Mittelpunkt. Die Ergebnisse der Befragung werden in der Studie aggregiert und anonymisiert. Wir würden uns sehr freuen, wenn Sie uns mit der Beantwortung dieses Fragebogens bei diesem Projekt unterstützen würden. Insgesamt wird die Beantwortung 15 Minuten Ihrer Zeit in Anspruch nehmen. Bitte senden Sie uns den ausgefüllten Fragebogen bis zum 19. März 2004 zurück.

S1 Wann wurde Ihr/e Institution/Unternehmen gegründet?

S2 Wie viele Mitarbeiter haben Sie im Bereich Politikberatung in Deutschland?

S3 Wie viele Mitarbeiter sind auf der Führungsebene für Politikberatung verantwortlich?

S4 Welcher Anteil Ihrer Mitarbeiter hat vorher hauptberuflich in politischen Institutionen oder Organisationen gearbeitet?   Jahr: _____

0-10
11-20
21-30
31-40
41-50
51-60

61-70
71-80
81-90
91-100
über 100

1. Führungsebene:　　.1　2　3　4 und mehr

2. Führungsebene:　　1　　　2　　　3　4　5 -10　　11 und mehr

0 %
bis 10%
11 % -20%
21%-30%
31%-40%
41-50%
51-60%
61 % -70%
71%-80%
81%-90%
über 90%

S5 Welche Ausbildung haben Ihre Mitarbeiter?

S6 Welchen beruflichen Hintergrund haben Ihre Führungskräfte (erste Füh-
rungsebene)?

Folgende Studienfächer wurden hauptsächlich absolviert:

　　　　Kommunikation
　　.　Politologie
　　　　Verwaltungswissenschaften
　　　　Marketing
　　　　Soziologie

BWL/VWL
Jura
Journalismus
Sonstige _____

Führungskräfte hatten vor ihrer Tätigkeit in unsere Organisation eine Führungsposition in einem/einer

Unternehmen
Agentur
Kanzlei
öffentlichen Verwaltung
Partei
Medien/Publizistik
Beratungsgesellschaft
Wissenschaft
Sonstiges und zwar_____

S7 Wie viele weibliche Mitlieder hat Ihre Institution auf der ersten Führungs-ebene (in % der ersten Führungsebene)?

0 %   bis 5%   bis 10 %   bis 15%   über 20%

genaue Zahl _____

S8 In welchen Vereinigungen ist/sind Ihr Unternehmen oder Mitglieder von Vorstand/Geschäftsführung Mitglied?

Branchenverbände (BDU, Bitkom etc.)
und zwar _____

Kommunikationsverbände (DPRG, GRPA etc.)
und zwar _____

Berufsverbände (degepol, DJV etc.)
und zwar _____

Wissenschaftliche Vereinigungen (DVPW etc.)
und zwar _____

Netzwerke, informelle Kreise, Salons (Wirtschaftspolitischer Kreis, Forum Junge Lobby etc.) und zwar _____

Sonstige und zwar _____

S9 In welchen Feldern beraten Sie?

Kommunikation & PR
Außen & Sicherheitspolitik
Wirtschaft
Soziales
Umwelt
Gesundheit/Healthcare
Sonstiges_____

S10 Wo liegt der Schwerpunkt ihrer Beratungstätigkeit? (Bitte ranken Sie das wichtigste Feld mit 1 und fortlaufend das unwichtigste mit 8).

Strategische Beratung
Organisationsberatung
Öffentlichkeitsarbeit/PR
Online/IT/eGovernment
Gutachtenerstellung
Forschungsgestützte Beratung
persönliche Beratung/Coaching
Sonstiges_____

S11 Wer sind ihre wichtigsten Kunden (nach Umsatz)? (Bitte ranken Sie das wichtigste Feld mit 1 und fortlaufend das unwichtigste mit 7).

politische Parteien 4
Politiker
EU-Institutionen
Unternehmen 2
Nichtregierungsorganisationen 3
öffentliche Verwaltung   1
Sonstiges_____

S12 Wie viele Kunden betreuen Sie durchschnittlich im Geschäftsbereich „Politikberatung" pro Jahr?

1-5   5-10   10-20   20-50   mehr als 50

S13 Wie finanzieren Sie sich überwiegend?

öffentliche Zuschüsse
Stiftungen
Private/öffentliche Aufträge
Sonstiges_____

S14 Hat Ihre Institution/Ihr Unternehmen eine parteipolitische Grundhaltung?

nein   ja

Wenn ja, dann

CDU/CSU
SPD
FDP

Bündnis90/Die Grünen
PDS
Sonstige_____

S15 Haben Sie auch Wahlkampfberatung durchgeführt?

nein   ja

Wenn ja, auf welcher Ebene?

Kommune
Land
Bund
Europa

S16 Orientieren Sie sich in Ihrer Arbeit grundsätzlich eher an den Grundsätzen und Normen der Wissenschaft, oder an den Regeln der politischen Praxis?

Wissenschaft (mehr als 50% der Beratungstätigkeit)
Politische Praxis (mehr als 50% der Beratungstätigkeit)

S17 Wie betreiben Sie hauptsächlich Ihre Kundenakquise (nur eine Antwort möglich)?

proaktive Kundenansprache
Beteiligung an Ausschreibungen
Kundenanfragen
gleichwertig 1-3

S18 Wie wichtig ist für die Gewinnung von Neukunden die persönliche Beziehung zu

völlig unwichtig				sehr wichtig
(1)	(2)	(3)	(4)	(5)

	völlig unwichtig (1)	(2)	(3)	(4)	sehr wichtig (5)
Spitzenpolitikern					
Parlamentariern					
Parteien; Parteiengremien					
Ministerialverwaltung					
Stiftungen					
Unternehmen (Marketingabteilung)					
Unternehmen (Vorstand)					
Unternehmen (Repräsentanz)					
Verbände					
Nichtregierungs-/Non-Profitorganisationen					
Initiativen/Bürgerbewegungen					
Journalisten					
Anderen Beratungsgesellschaften					
Sonstige					

S19 Wenn Sie über die Akquise von Neukunden entscheiden, welche Faktoren sind für Sie wichtig?

	völlig unwichtig (1)	(2)	(3)	(4)	sehr wichtig (5)
Bestehende persönliche Beziehungen					
Größe des Etats					
Prestige					
programmatische/ideologische Haltung					
Erfolgsaussichten des Projekts					
Möglichkeit von Anschlussgeschäft					
Erwerb von Referenzen					
Sonstiges					

S20 Mit welcher Ebene arbeiten Sie bei den Projekten konzeptionell zusammen?

Vorstand/Geschäftsführung
Leitungsstab
Arbeitsebene in der Linie
andere externe Berater/Beauftragte

S21 Welchen Beitrag kann Politikberatung Ihrer Meinung nach leisten?

	stimme gar nicht zu (1)	(2)	(3)	(4)	stimme völlig zu (5)
Professionelle pol. Kommunikation					
Bessere Entscheidungen bei komplexen Problemen					
Zielgruppenspezifische Politikvermittlung					
Erhöhte Wahrscheinlichkeit der Wiederwahl					
Mehr Transparenz für Bürger					
Imageverbesserung					
Effizienzsteigerung im politischen Prozess					
Besseres Gehör für legitime Interessen					
vermehrter und offenerer Dialog mit Wirtschaft und Gesellschaft					
Sonstiges					

S22 Was sind die wichtigsten Attribute einer Führungskraft im Bereich Politik-beratung?

	völlig unwichtig (1)	(2)	(3)	(4)	sehr wichtig (5)
Diplomatische Fähigkeiten					
Fachliche Kompetenz					
Strategische und analytische Kompetenz					
Entschluss- und Durchsetzungskraft					
Kommunikationskompetenz					
Motivationsfähigkeit					
Einfühlungsvermögen					
Transparentes Verhalten					
Networking					
Klares Verständnis von Machtverhältnissen					
Sonstiges					

S23 Glauben Sie, dass der Bedarf an Politikberatung in den nächsten fünf Jahren steigen wird?

ja
nein

S24 Wenn ja, dann

Stark ansteigend
Schwach ansteigend

S25 Welche Marktdynamiken bestimmen Ihrer Ansicht nach die Marktentwicklung?

	stimme gar nicht zu (1)	(2)	(3)	(4)	stimme völlig zu (5)
Ausweitung der medialen Vermittlung von Politik					
Höhere Professionalisierungsanforderung an Politik					
Verwissenschaftlichung der Politik					
Europäisierung und Globalisierung erhöhen Komplexität der Politik					
Professionelles Angebot der Politikberatung					
Öffentliche Gelder für externe Expertise werden zunehmend gestrichen					
Image in der Öffentlichkeit ist schlecht					
Deutsche Politik & Verwaltung ist beratungsresistent					
Zersplitterung der Verbandslandschaft					
Der Einfluss zivilgesellschaftlicher Akteure (NGOs, Initiativen) auf Unternehmen steigt					
Vervielfältigung der Interessengruppen					
Unqualifiziertes Personal					
Sonstiges					

S26 Wenn Sie die aktuelle Marktreife für Politikberatung in Deutschland bewerten sollen, dann ist der Markt

in der Boomphase
in der Konsolidierungsphase
gesättigt

S27 Wie hoch schätzen Sie den Einfluss von Politikberatern auf die inhaltliche Gestaltung von Politik ein?

☐ Sehr hoch
☐ hoch
☐ niedrig
☐ sehr niedrig

S28 Wie hoch schätzen Sie den Einfluss von Politikberatern auf operative Entscheidungen im politischen Prozess ein?

Sehr hoch
hoch
niedrig
sehr niedrig

S29 Wie hoch schätzen Sie den Einfluss von politischen Journalisten auf inhaltliche Gestaltung von Politik ein?

Sehr hoch
hoch
niedrig
sehr niedrig

*S 30 Welche der folgenden Definitionen von Politikberatung kommt Ihrer per-
sönlichen Erfahrung nach der Beratungspraxis sehr nahe, eher nahe oder trifft
nur in Ausnahmefällen zu?*

	Kommt sehr nahe	Kommt eher nahe	Trifft nur in Ausnahme-fällen zu
Beziehungsmanagement			
Lobbying			
Einkaufen wissenschaftlicher Expertise			
Beratung von Unternehmen im Umgang mit Politik und Verwaltung			
Beratung von Politikern im Umgang mit der Öffentlichkeit			
Wahlkampf und Kampagnenmanagement			
Sonstiges, nämlich			

_____

*S31 Wie hoch ist Ihrer Einschätzung nach das Verständnis der Politikwissen-
schaft für die Prozesse und Inhalte der Politikberatung?*

Sehr hoch
hoch
niedrig
sehr niedrig

S32 Dürfen wir Ihren Namen als Teilnehmer/in angeben, zusammen mit Ihrem Unternehmen?

Ja   Nein

Nachname:

Vorname:

Berufsbezeichnung:

Bereich:

Wirtschaft   Forschung   Politik

Organisation/Unternehmen:

Anschrift:

Telefonnummer:

S33 Wir werden Ihnen gerne die Ergebnisse dieser Studie zukommen lassen; dazu brauchen wir Ihre e-mail:

Vielen Dank für Ihre Zeit und Ihre Mitarbeit. Wir freuen uns darauf, Ihnen die Ergebnisse nach Fertigstellung zuzuschicken.